新编汉语速成教材

（中　级）

上

陈阿宝　主编

复旦大学出版社

iUniverse.com, Inc.
San Jose New York Lincoln Shanghai

A New Speed-up Course of Chinese (Intermediate Grade)
Volume I

Published by iUniverse.com, Inc.
By arrangement with Fudan University Press

For information address:
iUniverse.com, Inc.
5220 S 16th, Ste. 200
Lincoln, NE 68512
www.iuniverse.com

Originally published by Fudan University Press

ISBN: 0-595-16136-7

Printed in the United States of America

《新编汉语速成教材》

主　　编　　陈阿宝

副主编　　金　路　秦　湘

编写人员　　陈阿宝　徐玉明　沈　岚　袁　斌(初级)

　　　　　　金　路　李　茂　吴中伟(中级)

　　　　　　秦　湘　沈国华　许国萍(高级)

说　　明

　　《新编汉语速成教材》（中级）是为具有一定汉语基础的外国人编写的短训速成教材，供学过汉语基本语法和掌握1000以上词汇的学生使用，也可作为自学教材。

　　本教材共三十六课，分上、下两册。每课由课文、生词、注释、词语例解、练习五个部分组成。每册后面附词汇表和练习参考答案。教材以功能为纲，采用功能、场景、话题相结合的原则，根据外国学生在中国生活和工作的交际需要编写课文，并针对课文中的功能项目、语言点、文化点确定"注释"和"词语例解"的内容，编制相应的练习。

　　本教材力求贯彻交际性和实践性原则，体现短训教材的特点，着眼于使学习者在短时间内较快地提高听力和会话能力。关于本教材的使用，编者建议：

　　每课为4—6课时；以听说水平、而不是阅读水平，来确定本教材的适用对象；"注释"、"词语例解"部分不宜讲解过细，重在以功能为纲进行听、说训练。

　　本教材是在复旦大学国际文化交流学院的组织、领导下，特别是在陶黎铭副院长的关心、支持下编就的。在试用过程中，本院教师提出了不少宝贵的意见和建议，在此一并表示衷心的感谢，并恳切希望得到同行和专家的批评指正。

编　者

1999 年 3 月

第一课　我来自我介绍一下

课　　文

A

A：请问，您找谁？

B：哦，我来自我介绍一下。我是新来的学生。我叫木村信中，是从日本来的。办公室老师安排我住这儿。

A：那我们是同屋啦！请进。我叫林海德。我是加拿大人。

B：认识您，我很高兴。以后还请您多多帮助。

A：别客气，我们是同屋，就得互相帮助嘛。

B：谢谢！

A：我是来学汉语的。您是来学汉语的，还是来学专业的？

B：我是来读研究生的。

B

A：你们俩网球打得真棒！

B：谢谢！您是留学生吧？

A：是的，我是汉语专业的。我也很喜欢打网球。

B：那我们交个朋友吧！

A：行。我姓林，双木林，叫林海德，加拿大人。您贵姓？

B：我姓李，叫李明强。您就叫我小李好了。他是我同屋，
叫钱大牛。

A：对不起，我没听清。怎么称呼您？

C：我叫钱大牛，叫我大牛吧。

A：这是我的名片，上面有我房间的电话号码。

C：谢谢！真对不起，我们没有名片。

B：我俩都是中文系的，住一号楼二〇三室。有空儿去
我们房间玩儿吧！

A：好，一定去。

C

A：我来介绍一下，这位就是我的导师吴双教授，这位是
日本留学生木村信中，是历史系刘江教授的研究生。

B：您好，吴教授。今天有幸认识您，我很高兴。这是我
的名片，以后还请多多指教。

C：不客气。我和刘教授是多年的老朋友啦。

A：木村同学对中国现代文学也很有兴趣。

C：那很好。有时间和小李一起去我家坐坐。

B：谢谢！我一定去拜访您。

生　　词

1. 自我	zìwǒ	（代）	self; oneself
2. 同屋	tóngwū	（名）	roommate
3. 替	tì	（介）	for; on befalf of
4. 专业	zhuānyè	（名）	speciality
5. 研究生	yánjiūshēng	（名）	postgraduate student
6. 网球	wǎngqiú	（名）	tennis; tennis ball

7. 棒	bàng	（形）	good; fine; excellent
8. 称呼	chēnghu	（动）	call; address
9. 名片	míngpiàn	（名）	calling card; visiting card
10. 号码	hàomǎ	（名）	number
11. 空儿	kòngr	（名）	free time; spare time
12. 导师	dǎoshī	（名）	tutor of postgraduates
13. 教授	jiàoshòu	（名）	professor
14. 有幸	yǒuxìng	（形）	have an honour
15. 指教	zhǐjiào	（动）	give advice or comments
16. 拜访	bàifǎng	（动）	visit(a polite form)

<h2 style="text-align:center">专　　名</h2>

1. 木村信中	Mùcūn Xìnzhōng	name of a person
2. 林海德	Lín Hǎidé	name of a person
3. 加拿大	Jiānádà	Canada
4. 李明强	Lǐ Míngqiáng	name of a person
5. 钱大牛	Qián Dàniú	name of a person
6. 吴双	Wú Shuāng	name of a person
7. 刘江	Liú Jiāng	name of a person

<h2 style="text-align:center">注　　释</h2>

（一）"别客气，我们是同屋，就得互相帮助嘛。"

"我们是同屋，就得互相帮助"是"别客气"的理由，"嘛"表示这个理由是显而易见的。又如：

"我们是同屋，就得互相帮助" is the reason of "别客气" and "嘛" is used to imply that the reason is quite obvious. Another example：

A：他汉语说得很好。

B：那当然，他学了四年了嘛。

（二）"我姓林，双木林。"

在介绍姓名时，常常还要告诉对方怎么写。主要有两种方法，一种

是说明字的偏旁或笔划,如:双木林,木子李,口天吴,三横一竖的王;另外一种方法是组词,如:树叶的叶,黄金的金。又如:

When introducing one's name, it is sometimes necessary to tell what the characters are. One can make it known how to write his name by (A) telling the radical or strokes of the character, e.g. 双木林,木子李,口天吴,三横一竖的王, or (B) making a word with the character, e.g. 树叶的叶,黄金的金. Another example:

> A：我叫张华,弓长张,中华的华。
>
> B：我也姓章,不过,是文章的章。

(三)"您就叫我小李好了。"

"好了"用在句尾,表示按某个办法去做、去处理就可以了。如:

"好了", used at the end of the sentence, means that it is all right to do something in the way as mentioned and that there is no need to worry about anything else, e.g.

> 这件事跟我没关系,你去问小李好了。

(四)"大牛"、"小李"

在同学、朋友之间,可以只称呼对方的名字,如"大牛";如果对方是单姓,也可以叫对方"小×"、"老×",但不能只称呼对方的姓:如"你好,李!"

One can call his classmate or friend by his name, e.g. "大牛", or by "小/老＋ surname", but never call him by his surname alone, if the surname is monosyllabic. So it is wrong to say "你好,李!"

(五)"有空儿去我们房间玩儿吧!"

这句话的意思是：It means:

> (以后)如果有空儿的话,就去找我们玩儿吧。

或者：Or:

> 有空儿的时候就去找我们玩儿吧。

又如：Another example:

> A：有时间和小李一起去我家坐坐。
>
> B：好,有空儿一定去。

(六)"请多多指教"

客气话,请对方对自己的某个方面批评指正。

A form of polite formulas is used to ask for advice.

词 语 例 解

（一）我来自我介绍一下。

"来"用在另一动词前面，表示要做某件事：

"来" used before another verb, means to suggest oneself do something.

　　（1）（让）我来介绍一下，这位是我的朋友小王。

　　（2）（让）我来试试。

这种时候，可以不说"让"，但常常用"来"。"来"也可以表示让别人做某事。

In the above sentences "让" can be omitted but "来" is often used. "来" is also used to suggest letting somebody do something.

　　（3）老师：林海德，你来念一遍。

　　（4）这件事怎么办，大家一起来想想办法吧。

（二）是……的

　　1. 是从日本来的

如果行为动作已经发生，但是句子的焦点不在行为动作本身，而在行为动作发生的时间、地点、方式、有关的人和事物，就用"是……的"，"是"可以省略。如：

"是……的" is used when the action has happened and the focus of the sentence is not on the action itself but on who, what, when, where, and how.

　　（1）A：他父亲来了，你知道吗？

　　　　 B：（是）什么时候来的？

　　　　 A：昨天下午。

　　（2）A：我昨天买了一台洗衣机。

　　　　 B：（是）在哪儿买的？

　　　　 A：在学校附近的一家商店买的。

　　（3）A：你今天早上几点起的床？

　　　　 B：七点半。

　　2. 您是来学汉语的，还是来学专业的？

这里的"是……的"用来指明目的。又如：

Here the structure "是……的" is used to emphasize the purpose of the action. Another example：

  （4）我是来读研究生的。

3．我是汉语专业的。

这里是"是"＋"的"字结构，"的"字结构相当于一个名词。这句话的意思是说：我是汉语专业的学生。又如：

This sentence consists of "是" and "的" structure. "的" structure functions as a noun. It means 我是汉语专业的学生. Other examples：

  （5）我是学汉语的(学生)。

  （6）我俩都是中文系的(学生)。

  （7）这是喝水的(杯子)，那是刷牙的(杯子)。

（三）就

1．我们是同屋，就得互相帮助。

这里的"就"表示承接上文，得出结论，意思是：既然我们是同屋，那么就应该互相帮助。又如：

The meaning of the sentence is：既然我们是同屋，那么就应该互相帮助."就" can be used in the second clause of a complex sentence to indicate that the first clause is a supposition, condition, cause or purpose. Other examples：

  （1）（因为）身体不好，（所以）就休息了两天。

  （2）（如果）有空就来我家玩玩。

  （3）（只要）努力学习，就一定能学好。

2．这位就是我的导师。

这里的"就"表示加强语气。又如：

Here "就" is an emphatic word. Other examples：

  （4）你就叫我小李好了。

  （5）A：谁是林海德？

    B：我就是。

  （6）你看，前面那幢楼就是我们的宿舍。

$$练 \quad 习$$

(一) 替换

1. 请问您 | 贵姓？
怎么称呼？
是哪国人？
是什么地方人？
是做什么工作的？

2. 您好！| 很高兴认识您！
认识您我很高兴！
我很高兴有机会认识您！
见到您我很高兴！

3. 我 | 来自我介绍一下，
来作一个自我介绍，
先自我介绍一下吧， | 我叫木村信中，是从日本来的。

4. | 让我来介绍一下，
我来介绍一下，
请允许我给你介绍一下， | 这位是我的朋友小刘。

5. 这位是 | 我的先生。
我的太太。
王小姐。
金教授。
李经理。

6. 我想，那位是 | 钱江博士
张先生
您夫人 | 吧？

(二) 选择适当的词填空

1. 我________王,________王海。

是　叫　姓　称呼

2. 请问,您怎么________?

3. 对不起,请问哪位________吴双教授?

(三)用括号里的词完成对话

1. A:您好!

   B:您好! 我叫林海德,双木林,大海的海,道德的德。

   　　请问,____________________?(称呼)

   A:____________________。(李月明)

2. 木　村:介绍一下,这是我同屋,林海德。这是我的中国朋友钱
　　　　　大牛。

   林海德:____________________。(认识　高兴)

   钱大牛:____________________。(也)

3. 李明强:这位是我的导师吴教授。这位是日本留学生木村
　　　　　信中。

   木　村:____________________。(有幸)

(四)请每一位同学用下面的词语作一个自我介绍

来　自我介绍　姓　叫　是　是……的　学习　认识　高兴

(五)听力

1. 听对话,然后选择最恰当的答案

(1) A. 三个　　　　　B. 五个　　　　　C. 八个

(2) A. 非常好看　　　B. 还可以　　　　C. 一点儿也不好看

(3) A. 电话号码　　　B. 一张名片　　　C. 她的名字

(4) A. 有空　　　　　B. 没空　　　　　C. 有事儿

(5) A. 有点认识　　　B. 早就认识了　　C. 不认识

(6) A. 没有　　　　　B. 有一两个　　　C. 有很多

(7) A. 他的同班同学　B. 他的中国朋友　C. 他的同屋

(8) A. 现代文学　　　B. 历史　　　　　C. 语言学

(9) A. 205　　　　　 B. 503　　　　　 C. 203

(10) A. 挺好的　　　 B. 还不错　　　　C. 不太好

2. 听短文,根据录音内容填空

木村信中是日本人。他是今年____(1)____来上海的。他是来学
____(2)____的。来上海以后,他交了____(3)____中国朋友,一个叫李明强,

8

一个叫钱大牛。他们常常在一起打网球。今天，____(4)____带他去见自己的导师吴双教授。吴教授是研究____(5)____文学的。木村对中国的现代文学____(6)____。能有机会____(7)____吴教授，木村感到非常高兴。

(1) A. 五月　　　　　　B. 六月　　　　　　C. 九月
(2) A. 文学　　　　　　B. 历史　　　　　　C. 汉语
(3) A. 两个　　　　　　B. 三个　　　　　　C. 四个
(4) A. 小李　　　　　　B. 小钱　　　　　　C. 小张
(5) A. 外国　　　　　　B. 古代　　　　　　C. 现代
(6) A. 也有兴趣　　　　B. 没有兴趣　　　　C. 也有研究
(7) A. 认识　　　　　　B. 见面　　　　　　C. 求教

补　充　生　词

1. 允许	yǔnxǔ	（动）	permit
2. 经理	jīnglǐ	（名）	manager
3. 博士	bóshì	（名）	doctor (an academic degree)
4. 夫人	fūren	（名）	wife
5. 道德	dàodé	（名）	morals, morality

附　听力材料

1. 对话
(1) 女：你们班都是新同学吗？
　　男：不，我们班一共八个学生，其中三个是老同学。
　　问：他们班有几个新学生？
(2) 女：昨天的网球比赛怎么样？
　　男：棒极了！
　　问：昨天的网球比赛好看不好看？
(3) 女：这是我的名片，上面有我的电话号码。
　　男：谢谢。
　　问：女的给男的什么东西？
(4) 女：你下午有什么安排吗？

男：没有。

问：男的下午有没有空？

(5) 女：这位是中文系的刘江教授。

男：今天有幸认识您，我很高兴。

问：男的以前认识刘江教授吗？

(6) 女：你在中国要多交中国朋友。

男：那当然，已经交了不少了。

问：男的现在有中国朋友吗？

(7) 女：木村是你的同班同学吗？

男：不是，他是我的朋友，来学汉语的。我们住一块儿。

问：木村是谁？

(8) 女：你也是中文系的？

男：我以前是中文系的，现在是历史系的研究生。

问：男的现在的专业是什么？

(9) 女：你也住二号楼？

男：对，二号楼五零三室。

问：男的房间号码是多少？

(10) 女：我汉语说得不怎么样，还请多多指教。

男：别客气，你说得挺好的。

问：女的自己觉得她的汉语怎么样？

2．短文

木村信中是日本人。他是今年六月来上海的。他是来学汉语的。来上海以后，他交了两个中国朋友，一个叫李明强，一个叫钱大牛。他们常常在一起打网球。今天，小李带他去见自己的导师吴双教授。吴教授是研究现代文学的。木村对中国的现代文学也很感兴趣。能有机会认识吴教授，木村感到非常高兴。

第二课　太感谢你了

课　文

A

A：小林，你现在好点儿了吗？

B：让你费心了，我好多了，谢谢。你的粥真好吃！

A：还想吃点儿什么吗？

B：不，够了。我真不知道该怎么谢你才好！陪了我一晚上，叫你受累了。

A：快别说了。朋友间提这些干吗？

B：可我实在过意不去，平时也一直得到你的照顾。那次去黄山，我伤了腿，多亏你一路照料。要不，真不知道怎么回来呢。

A：都是些小事，别放在心上。快躺下，再好好儿睡一觉吧。

B：你也该休息一下了。

B

A：老李，多谢你借给我电脑，我那篇文章终于写出来了。

B：不用谢。电脑搁桌上就行了。

A：这几天让我借去用了，你不方便了吧？

B：没关系。以后要用的话，来拿就是了。

A：那太不好意思了。不过，需要修改的话，大概还要来
　　借一次。

B：别客气，尽管拿去用。

A：那太感谢你了。这是我在杭州买的茶叶，一点儿小
　　意思，请你收下。

B：多谢！你知道我爱喝茶，那就不客气啦！

C

A：喂，请问是王先生吗？

B：对，我就是。请问您哪位？

A：您好，王先生。我是林海德。感谢您和您夫人昨天
　　对我的盛情款待。真给你们添了不少麻烦。

B：快别这么说。只是家常便饭，不合您的口味吧？

A：哪儿的话。您夫人的手艺这么好，特意为我准备了
　　那么多好吃的菜，我真是大饱口福啊！

B：您能够光临，我们非常高兴。今后还请常来。

A：一定，一定。请代我向您夫人致谢！

B：好的，谢谢。

生　　词

1.	费心	fèi xīn		give a lot of care
2.	粥	zhōu	（名）	gruel (made of rice, etc.)
3.	受累	shòu lèi		be put to much trouble
4.	干吗	gànmá		whatever for; why on earth
5.	实在	shízài	（副）	really; indeed; honestly

6. 过意不去	guò yì bú qù		feel apologetic; feel sorry
7. 多亏	duōkuī	（副）	thanks to; luckily
8. 照料	zhàoliào	（动）	take care of
9. 要不	yàobù	（连）	otherwise
10. 电脑	diànnǎo	（名）	computer
11. 终于	zhōngyú	（副）	at long last; finally
12. 搁	gē	（动）	put; leave
13. 尽管	jǐnguǎn	（副）	feel free to; not hesitate to
14. 盛情	shèngqíng	（名）	lavish hospitality
15. 款待	kuǎndài	（动）	entertain
16. 家常便饭	jiācháng biànfàn		homely food; simple meal
17. 口味	kǒuwèi	（名）	a person's taste
18. 手艺	shǒuyì	（名）	craftsmanship; skill
19. 特意	tèyì	（副）	for a special purpose
20. 光临	guānglín	（动）	presence (of a guest)
21. 致谢	zhì xiè		extend thanks to

<h1 style="text-align:center">专　　名</h1>

| 1. 黄山 | Huáng shān | Yellow Mountain |
| 2. 杭州 | Háng zhōu | name of a city |

<h1 style="text-align:center">注　　释</h1>

(一) "还想吃点儿什么吗?"

"还想吃点儿什么吗"是一般疑问句;意思是:还想吃点儿东西吗?"什么"表示虚指,所以用"吗"。

"还想吃点儿什么吗", ended with "吗", is a yes-or-no question. It means "还想吃点儿东西吗"。Here "什么" indicates something generic.

又如下面一句的"什么"也表示虚指:

In the following sentence "什么" also indicates something generic.

你有什么问题吗? (你有问题吗?)

（二）"陪了我一晚上"

这里"一晚上"是"整个晚上"的意思。又如：

Here "一" means "整个" ("whole"). Another example：

  一屋子都是书。（整个屋子里都是书。）

（三）"来拿就是了"

"就是了"表示事情很容易解决，只要这样去做就可以，不必犹豫、怀疑。又如：

"就是了" at the end of a sentence means that something can be easily settled if it is done in the way as mentioned and that there is no need to worry or hesitate. Another example：

  A：不知道他今天到底来不来。

  B：那好办，你打个电话问一问他就是了。

（四）"一点儿小意思。"

赠送礼物时的客气话，表示自己的礼物很微薄。

A form of polite formulas used when giving a gift to somebody, meaning that the gift is of little value.

（五）"那就不客气啦。"

客气话，表示接受对方送的礼物或给予的优待。

One of the polite formulas used when accepting somebody's gift or kindness.

（六）"喂，请问是王先生吗?"

在中国，打私人电话的常见模式是：

A common pattern on the private telephone in China is as follows：

  A：(接电话)喂!

  B：是 X 吗?

  A：对。您哪位?

  B：我是 Y。

  A：您好! ……

（七）"只是家常便饭"

意思是"只是很平常的饭菜"。中国人在家里请人吃饭时，虽然菜肴十分丰盛，但主人总是客气地说："没什么菜"，"只是家常便饭"，等等。

14

A Chinese host often apologize to his guest for the "simple and poor meal", though in fact it is a sumptuous feast.

词 语 例 解

(一) 让你费心了。叫你受累了。

这里的"叫"、"让"都是"致使"的意思。如：

Both "叫", "让" in the above sentences mean to "cause". For example：

  (1) 这件事叫我很感动。

  (2) 让你久等了。

(二) 朋友间提这些干吗?

这里的"干吗"是"为什么"的意思。"朋友间提这些干吗?"就是"朋友间为什么提这些?"在课文里, 它是一句反问句, 意思是：朋友间不用提这些。又如：

"干吗" here means "为什么". "朋友间提这些干吗?", same as "朋友间为什么提这些?", acts as a rhetorical question in the text, meaning 朋友间不用提这些. Other examples：

  (1) A：这个消息要不要告诉他?

   B：告诉他干吗? (不用告诉他)

  (2) A：谢谢你。

   B：谢我干吗, 你应该谢他。(不用谢我)

(三) 多亏

表示由于别人的帮助或某种有利因素, 避免了不如意的事。

It indicates that owing to somebody's help or some favorable condition, an unfavorable result is avoided.

  (1) 这次多亏了你, 我们才终于完成了任务。

  (2) 多亏带了地图, 要不我们就迷路了。

(四) 让我借去用了

这里的"让"是"被"的意思, 也可以用"叫"。如：

"让", same as "被" or "叫", indicates the passive voice in the above sentence. Other examples：

（1）花瓶让孩子打破了。

（2）我的自行车叫他借走了。

（五）尽管

作为副词，表示没有条件限制，可以放心去做。

As an adverb, it means "feel free to do something, not hesitate to".

（1）你有什么困难尽管对我说吧。

（2）时间还早，大家尽管慢慢谈。

练　　习

（一）替换

1．A：谢谢你借给我电脑！　　　　B：

<table>
<tr><td>不谢。</td></tr>
<tr><td>不客气。</td></tr>
<tr><td>没什么。</td></tr>
<tr><td>没事儿。</td></tr>
</table>

2．A：

<table>
<tr><td>非常感谢！</td></tr>
<tr><td>太感谢您了！</td></tr>
<tr><td>感谢您和您夫人对我的盛情款待！</td></tr>
<tr><td>我真不知道怎么感谢您才好。</td></tr>
</table>

B：不用客气。

3．A：

<table>
<tr><td>让您费心了！</td></tr>
<tr><td>叫您受累了！</td></tr>
<tr><td>给您添麻烦了！</td></tr>
</table>

B：没关系。

4．多亏

<table>
<tr><td>你一路照料，</td></tr>
<tr><td>你提醒我，</td></tr>
<tr><td>他告诉我，</td></tr>
</table>

要不

<table>
<tr><td>我真不知道怎么回来呢。</td></tr>
<tr><td>我还真忘了呢。</td></tr>
<tr><td>就错过机会了。</td></tr>
</table>

5．请代我向

<table>
<tr><td>您夫人</td></tr>
<tr><td>您父母亲</td></tr>
<tr><td>您全家</td></tr>
</table>

致谢！

（二）选择适当的词填空

1．(1) A：________！

　　　B：不用谢！

　　(2) A：非常________！

　　　B：不用客气！

　　(3) 请向你母亲________。

谢谢　感谢　致谢

2．(1) A：这是我做的菜，来，尝尝。

　　　B：好，那我就________了。

　　(2) A：一点小意思，请收下。

　　　B：哎呀，你________了！

　　(3) 大家随便吃吧，________！

别客气　太客气
不客气

（三）用括号里的词完成句子

1．您这么关心我，我实在是____________________。（过意）

2．昨天晚上你们准备了那么多好吃的菜，我真是____________

____________啊！（口福）

3．这几天你的电脑让我借去用了，你自己____________________

了吧？（方便）

4．老是来向您请教问题，真____________________！（意思）

5．谢谢，给您____________________了！（麻烦）

（四）对话(表示感谢)

1．你病了，同学陪你去医院，你向同学表示感谢。

2．你向同学借了词典。你还词典时，向他表示感谢。

3．你在朋友家里吃饭，告别时表示感谢。

（五）听力

1．听对话，然后选择最恰当的答案

(1) A．没干什么

　　B．帮助了女的

　　C．告诉女的应该怎么办

(2) A．刚才很好　　　B．现在很好　　　C．刚才病了

(3) A．应该着急　　　B．不用着急　　　C．着急没用

(4) A．等了很长时间

　　B．才等了一会儿

　　　　C. 不想再等下去了

(5) A. 在宿舍　　　　　B. 在饭店　　　　　C. 在朋友家里

(6) A. 写文章　　　　　B. 看文章　　　　　C. 改文章

(7) A. 在他房间里　　　B. 在美国　　　　　C. 在别人那儿

(8) A. 可以用　　　　　B. 不能用　　　　　C. 不能随便用。

(9) A. 照料朋友的孩子　B. 出去办事　　　　C. 去北京

(10) A. 不喜欢用电脑了

　　　 B. 有的时候用电脑

　　　 C. 一直在用电脑

2. 听短文,然后填空

　　为什么说王先生一家对林海德非常热情? 因为:

(1) 王先生________他去________看病。

(2) 王先生常常帮他________文章,辅导他学习________。

(3) 王先生把自己的________借给他。

(4) 昨天晚上,王先生一家盛情________了林海德。

补 充 生 词

1.	提醒	tíxǐng	(动)	remind
2.	错过	cuòguò	(动)	miss; let slip
3.	尝	cháng	(动)	to taste
4.	老是	lǎoshì	(副)	be always (doing something)
5.	告别	gàobié	(动)	say good-bye to

附　听力材料

1. 对话

(1) 女:多亏你帮了大忙,要不我真不知道怎么办呢!

　　男:没什么。

　　问:男的干了什么?

(2) 女:你现在舒服点儿了吗?

　　男:比刚才好多了。

　　　　　问：男的身体怎么样？

(3) 女：你倒是快点儿呀！

　　　男：干吗这么着急，不是还有半个小时吗？

　　　问：男的是什么意思？

(4) 女：你终于来了。

　　　男：对不起，让你久等了。

　　　问：女的怎么样？

(5) 男：都是些家常菜，不知道合不合你的口味？

　　　女：太好吃了，您夫人的手艺真不错。

　　　问：女的在哪儿？

(6) 女：文章写好了？

　　　男：刚刚写出来，还得再修改一下。

　　　问：男的还要干什么？

(7) 女：你的照相机呢？

　　　男：让一位美国同学借去了。

　　　问：男的照相机在哪儿？

(8) 女：这是你的洗衣机吗？

　　　男：对，你要洗衣服的话，尽管用就是了。

　　　问：男的洗衣机别人可以用吗？

(9) 女：我明天得去北京办点儿事，能不能请您费心照顾一下我
　　　　的孩子？

　　　男：没问题，你尽管放心去吧。

　　　问：从明天开始，男的有什么事要做？

(10) 女：他这几天在忙什么？

　　　男：还不是一天到晚坐在电脑前面。

　　　问：他这几天怎么样？

2．短文

　　林海德来中国以后，王先生对他非常关心。有一次，林海德身体不
舒服，王先生就陪他去医院看病。平时，王先生常常给他修改文章，辅
导他学汉语，还把自己的电脑借给他用。昨天晚上，小林在王先生家吃
晚饭。王太太的手艺非常好，她做了许多菜，让小林大饱口福。王先生
一家对小林这么热情，叫他非常感动。

第三课　我想请你吃顿饭

课　文

A

A：张先生，你这个星期哪天比较空？我和太太想请你
　　和你夫人、孩子一起吃顿饭。

B：不用这么客气。

A：我一直得到你的照顾。平时大家都忙于工作，抽不
　　出空来好好聊聊。我很想让我们两家在一起吃顿
　　饭，互相认识认识。

B：我也很希望两家多来往，但吃饭就免了吧。

A：只是吃顿便饭。听说新开的那家"蓝屋"餐厅的厨师
　　手艺不错，是数得上的广都名师。我们去那里尝尝
　　怎么样？星期五晚上方便吗？

B：多谢你的一片诚意。那就星期五晚上吧。

A：好，一言为定。星期五晚上五点半，我和我太太在
　　"蓝屋"等你们。

B

A：小李吗？我是大林。你星期六晚上有空吗？我想请

你一起去看杂技。

B：是哪个杂技团？

A：河南杂技团。他们这次出国演出，路过上海。

B：太好了！我早就听说，河南杂技团在全国是数得上的。

A：星期六晚上七点，我们在杂技场一号门见面。

B：那么，我们干脆提前一个半小时，在杂技场对面的西餐馆二楼见面。我请你吃西餐。五点半你到得了吗？

A：你不用客气……

B：好，就这样说定了。五点半，在西餐馆二楼。不见不散。

C

A：您好，张先生！多日不见，您好吗？

B：谢谢，很好。

A：感谢您对我们公司筹备工作的关心。我们公司定于本月 18 日正式开张。

B：恭喜，恭喜！

A：是啊，这是件大喜事。开张那天晚上，我们在花园饭店举行庆贺酒会。请您光临。这是我们公司给您的请柬。

B：谢谢贵公司的邀请。

A：酒会七点整开始。您看，我什么时候来接您？

B：不用了，我自己去吧。那天客人很多，您一定挺忙的。我们是老朋友，你就不必客气了。

A：那好，到时候我在大厅等您。

生　　词

1. 于	yú	（介）	(preposition)
2. 抽空	chōu kòng		manage to find time
3. 聊	liáo	（动）	chat
4. 免	miǎn	（动）	dispense with
5. 厨师	chúshī	（名）	chef
6. 数得上	shǔ de shàng		be reckoned as outstanding
7. 广帮	guǎngbāng	（名）	Cantonese style
8. 诚意	chéngyì	（名）	good faith; sincerity
9. 一言为定	yì yán wéi dìng		that's settled then
10. 杂技	zájì	（名）	acrobatics
11. 干脆	gāncuì	（副）	simply; just; altogether
12. 提前	tíqián	（动）	move up (a date, time)
13. 不见不散	bú jiàn bú sàn		(set phrase)
14. 筹备	chóubèi	（动）	prepare; arrange
15. 开张	kāi zhāng		open a business
16. 恭喜	gōngxǐ	（动）	congratulate
17. 庆贺	qìnghè	（动）	celebrate; congratulate
18. 酒会	jiǔhuì	（名）	cocktail party
19. 请柬	qǐngjiǎn	（名）	invitation card
20. 邀请	yāoqǐng	（名）	invitation

专　　名

1. 蓝屋餐厅	Lánwū Cāntīng	Blue House Restaurant
2. 河南杂技团	Hénán Zájìtuán	Henan Acrobatic Troupe
3. 花园饭店	Huāyuán Fàndiàn	Garden Hotel

注　　释

（一）"抽不出空来"

"抽不出空来"＝"抽空"＋"抽不出来"，意思是：无法找出空闲的时间（unable to find free time）。

（二）"广帮"

即广东菜。中国地区广大，各地饭菜的风味有很大差异，各地都有自己的名菜。最有代表性的菜系有：山东菜、四川菜、江苏菜、广东菜、福建菜、浙江菜、湖南菜、安徽菜。

China has a vast area and food in different places differs a lot from each other in flavor. "广帮", i.e. 广东菜, is one of the most famous varieties of the Chinese food, which include 山东菜, 四川菜, 江苏菜, 广东菜, 福建菜, 浙江菜, 湖南菜, 安徽菜.

（三）"一言为定"

常用在谈话结束的时候，表示已经商量好了，不再改变。

It is often used at the end of a conversation, meaning "so it's settled then".

（四）"不见不散"

跟对方约定见面的时间、地点之后常说的话，表示一定在那儿等到互相见面为止。

It is used when the place and time of the appointment is settled, meaning "we'll wait until we see each other".

词 语 例 解

（一）于

"于……"，常用在动词或形容词后面，表示"在……"、"从……"等。

It is often used after a verb or an adjective, meaning "in", "at", "from", etc..

（1）他生于一八一八年。

（2）他一九五八年毕业于北京大学。

（二）数得上

也说"数得着"，意思是：比较突出或够得上标准。否定式是"数不上（数不着）"。如：

"数得上" or "数得着"，whose negative form is "数不上（数不着）"，means "be reckoned as exceptionally good".

(1) 他的汉语在我们班是数得上的。

(2) 东方明珠是亚洲最高的电视塔，在世界上也是数得上的。

（三）我们去那里尝尝怎么样？

"尝尝"是动词重叠。在表示建议时，使用动词的重叠式来缓和语气。如：

The reduplication of a verb can be used to tone down a suggestion.

(1) 你什么时候有空？我想跟你谈谈。

(2) 这个字是什么意思，你能不能给我解释解释？

(3) 请等一等，让我想想。

（四）干脆

作为形容词，是"直截了当"的意思。作为副词，表示作出决断，采取某种断然的行为。

The adjective 干脆 means "straightforward". The adverb 干脆 means "simply, just", indicating a decision to adopt resolute measures.

作形容词：As an adjective：

(1) 他说话很干脆。

(2) 你有什么意见就干脆说吧。

作副词：As an adverb：

(3) 找了很多地方都没找到，干脆不找了。

(4) 我看，干脆马上给他打个电话，叫他别来了。

（五）……得了／……不了(liǎo)

"五点半你到得了吗"这句话的意思是：五点半你能到吗？"……得了／……不了(liǎo)"是可能补语，表示"能/不能"。如：

As a potential complement，了(liǎo) means there is the possibility or ability to do something. e.g.

(1) 今天他身体不舒服，上不了课了。

(2) 这么多的菜，我们吃不了。

(3) 下这么大的雨,他还来得了吗?

<h1 style="text-align:center">练　习</h1>

(一) 替换

1. A：| 我和太太想请您和您夫人、孩子一起吃顿饭。
我想请你一起去看京剧。
请您光临我们的庆祝酒会。|　　B：谢谢。

2. 你 | 这个星期哪天有空?
星期六晚上有空吗?
星期五晚上方便吗?

3. A：| 我们就在杂技场一号门见面吧。
我在饭馆门口等你。
到时候我在大厅等您。|　　B：好的。

4. 我晚上五点半 | 去接您。
去叫你。
在门口等你。

5. 好, | 就这样说定了。
一言为定。
不见不散。

(二) 选择适当的动词填空(有的要用重叠形式)

1. 欢迎你有空的时候去我家________。
2. 好久没见了,咱们去喝杯咖啡,好好儿________。
3. 听说那家韩国餐馆很不错,去________怎么样?
4. 我想请你去________魔术表演。
5. 我请你________西餐吧。

吃	尝
聊	光临
看	坐

6. 我们明天晚上在花园饭店举行庆贺酒会，请您一定________。

（三）用括号里的词语完成对话

1. A：我想请你吃顿便饭。

B：你太客气了。以后咱们多来往，但是__________________

________吧。（免了）

2. A：咱们去吃西餐吧，__________________。（请客）

B：不不，这一次我请你。

3. A：我什么时候去接您？

B：__________________。（不必　自己）

（四）对话（表示邀请）

1. 请朋友吃饭。

2. 请朋友去看演出。

3. 请朋友一起去逛街。

4. 请人参加大使馆的国庆招待会。

（五）听力

1. 听对话，然后选择最恰当的答案

(1) A. 没付钱　　　　　B. 六十块　　　　　C. 两百块

(2) A. 八点　　　　　　B. 七点　　　　　　C. 六点

(3) A. 展览馆门口　　　B. 西餐馆门口　　　C. 西餐馆对面

(4) A. 不太好　　　　　B. 在系里是有名的

C. 全系只有他会说美国英语

(5) A. 三个小时　　　　B. 三个多小时　　　C. 不到三个小时

(6) A. 星期五晚上六点半

B. 星期六晚上六点半

C. 星期六晚上五点半

(7) A. 学校对面　　　　B. 新华书店　　　　C. 外文书店

(8) A. 不去看女的　　　B. 去看女的　　　　C. 叫女的去买书

(9) A. 工作太忙　　　　B. 不喜欢玩　　　　C. 经济有困难

(10) A. 公司　　　　　　B. 学校　　　　　　C. 家里

2. 听短文，判断下面的句子对不对

(1) 今天晚上，小李和小王一起去看了一场杂技表演。

(2) 他们约好在杂技场对面的西餐馆见面。

26

（3）小李在西餐馆等了一个小时，可是小王没来。
（4）小王在一家公司工作。

补 充 生 词

1. 魔术　　 móshù　　　 （名）magician
2. 逛　　　 guàng　　　 （动）stroll (in the park, around the streets)
3. 大使馆　 dàshǐguǎn　（名）embassy
4. 国庆　　 guóqìng　　 （名）National day
5. 招待会　 zhāodàihuì　（名）reception

附　听力材料

1. 对话
（1）女：这场音乐会的票有六十块的、一百二的、两百的，学生免费。
　　男：我是大学生，这是我的学生证。
　　问：他付了多少钱？
（2）女：晚会不是七点开始吗？
　　男：改了，他们说得提前一个小时。
　　问：晚会几点开始？
（3）女：我们在哪儿见面？
　　男：展览馆对面有个西餐馆，我们就在餐馆门口见面吧。
　　问：他们在哪儿见面？
（4）女：他的英语真棒！
　　男：他那口美国音，在全系是数得上的。
　　问：他的英语怎么样？
（5）女：坐飞机三个小时到得了吗？
　　男：到不了。
　　问：坐飞机到那儿要多长时间？
（6）男：星期六晚上五点半，我在大门口等你。
　　女：好，不见不散。

问：他们什么时候见面？

（7）男：我们就在学校门口的新华书店见面吧。

女：行，就这么说定了。

问：他们在哪儿见面？

（8）女：你挺忙的，就不必来看我了。

男：没事儿，我今天下午去书店买书，路过你那儿。

问：男的今天下午怎么样？

（9）A：你怎么不跟你家人一起出去玩玩？

B：我实在抽不出空来呀！

问：他为什么不跟家人出去玩？

（10）A：你下了班就回家吗？

B：不，先去接孩子，然后再回家。

问：下了班他要去哪儿？

2. 短文

小李昨天上午打电话给小王，邀请他今天晚上一起去看杂技。杂技表演晚上八点开始，他们约好提前一个小时在杂技场对面的西餐馆见面。可是，今天下午，小王突然打电话给小李，说公司有事，实在抽不出时间，杂技看不了了。

第四课　你什么时候回来的

课　　文

A

A：这不是木村吗？听说你去西安了，什么时候回来的？

B：上星期天回来的。我去西安收集了一些资料。

A：收获不小吧？

B：可以这么说吧。不仅收集到了很多资料，还游览了不少地方，拍了好几卷胶卷。瞧，刚洗出来。

A：张张都拍得好极了！这是什么塔？

B：是小雁塔。那是大雁塔。看来，你没去过西安吧？

A：是的，不过很想去。你在兵马俑博物馆拍了没有？

B：里边不让拍，在外边拍了好几张。瞧，这不是？

A：气势真雄伟！

B：那当然。

B

A：请问，这儿能预订机票吗？

B：可以。

A：我要下个月 5 号到东京的。最好是日航的，到达时间对我比较合适。

B：好，我看一下。9 月 5 号日航只有头等舱。

A：头等舱比较贵。那东航呢？

B：东航经济舱还有座。

A：那好吧，就改东航，一张经济舱。

B：请把护照给我，让我记一下您的名字和国籍。顺便问一下，您有寻呼机或电话吗？有事好和您联系。

A：这是我的护照。我只有电话，号码是 65103808 转 6518。我想顺便打听一下，哪儿可以订去杭州的火车票？

B：国旅和各大饭店的票务中心都可以。

A：我正好要去外滩办事，那我就去国旅吧。好，麻烦您了。

B：不客气。请收好您的护照。

C

A：老师，我能请教您一个问题吗？

B：请说，你有什么问题？

A：我听中国人问"远不远"的时候，也说"有多远"。那么，问轻重的时候，可不可以说"有多重"呢？

B：当然可以。

A：那么，问高矮呢？

B：应该是"有多高"。

A：要是说"有多矮"，行不行？

B：不行。我们用"多"加上形容词，询问"高矮"、"大小"、"长短"、"深浅"、"粗细"的时候，应该说"多高"、"多大"、"多长"、"多深"、"多粗"。

A：哦，我懂了。我们应该说："孩子多大了"，"黄浦江有多深"。对了，有的同学说星期四考试，有的同学说星期五考试，老师，我们到底什么时候考试？

B：是这样的，星期四是笔试，星期五是口试。

生　　词

1. 收集	shōují	（动）	collect; gather
2. 资料	zīliào	（名）	data; material
3. 收获	shōuhuò	（名）	results; gains
4. 卷	juǎn	（量）	(measure word)
5. 胶卷	jiāojuǎn	（名）	roll film
6. 气势	qìshì	（名）	momentum
7. 雄伟	xióngwěi	（形）	imposing; magnificent
8. 预订	yùdìng	（动）	book (tickets)
9. 头等舱	tóuděngcāng		first-class cabin
10. 经济舱	jīngjìcāng		economy-class cabin
11. 护照	hùzhào	（名）	passport
12. 国籍	guójí	（名）	nationality
13. 顺便	shùnbiàn	（副）	conveniently; in passing
14. 寻呼机	xúnhūjī	（名）	beeper
15. 票务中心	piàowù zhōngxīn		booking office
16. 请教	qǐngjiào	（动）	ask for advice; consult
17. 询问	xúnwèn	（动）	inquire
18. 到底	dàodǐ	（副）	at last; after all

专　　名

1. 西安	Xī'ān	name of a city
2. 大雁塔	Dàyàn Tǎ	Big Goose Pagoda
3. 小雁塔	Xiǎoyàn Tǎ	Small Goose Pagoda
4. 兵马俑博物馆	Bīngmǎyǒng Bówùguǎn	Stone Army Museum
5. 日航	Rìháng	JAL
6. 东航	Dōngháng	MU

7. 国旅	Guólǚ	CITS
8. 外滩	Wàitān	the Bund in Shanghai
9. 黄浦江	Huángpǔ Jiāng	Huangpu River

注　　释

（一）"好几卷"、"好几张"

这里"好"强调"多"。又如：

In "好几", *quite a few*，"好" emphasizes "many". Other examples：

好几十块钱　好几百个人

（二）"张张都拍得好极了。"

"张张"是"每一张"的意思。

"张张" means "每一张".

（三）"日航"、"东航"、"国旅"

都是简称。"日航"就是"日本航空公司"、"东航"就是"东方航空公司"、"国旅"就是"国际旅行社"。又如：

"日航"、"东航"、"国旅" are all abbreviations. Other examples：

北大（北京大学），复旦（复旦大学）。

（四）"对了"

表示突然想起某事。常常用来转移话题。如：

"对了" indicates "suddenly thinking of something". It is often used to begin a new topic.

（1）A：你去过哪儿？

B：我去过北京、西安……对了，还有南京。

（2）A：你有事吗？

B：没什么事。哦，对了，我那篇文章您看了吗？

（五）"是这样的，星期四是笔试，星期五是口试"

"是这样的"用来对一个让人困惑的问题作出解释。如：

"是这样的" is used to begin an explanation when somebody feels puzzled. e.g.：

A：你不是说今天要去西安吗？怎么还没走？

B：是这样的，有点事还没办完，所以只能明天再走了。

词 语 例 解

（一）这不是木村吗？

这是反问句，意思是：这就是木村，在这儿含有"见到木村时感到很惊喜"的意味。反问句不是一种问句，而是一种表示强调的方式，它用肯定形式表示否定意义，用否定形式表示肯定意义。"不是……吗？"是反问句的常见形式之一。又如：

"这不是木村吗？", in a tone of "being surprised and glad to see 木村", is a rhetorical question, meaning "这就是木村". The socalled "反问句" (rhetorical question) is actually not a question but a pattern to emphasize something. The negative meaning is expressed by an affirmative form while the affirmative meaning is expressed by a negative form. "不是……吗？" is one of the most commonly used forms of a rhetorical question. Other examples：

    （1）A：我的包呢？

        B：瞧，这不是(吗)？（这就是。）

    （2）A：那儿太安静了，我要换一个地方。

        B：你不是喜欢安静吗？（你喜欢安静，所以不用换。）

（二）看来，你没去过西安吧？

"看来"表示对情况的推测、估计。又如：

"看来" is used to express an estimate. Other examples：

    （1）已经这么晚了，看来他不会来了。

    （2）这几天看来是不会下雨的。

（三）顺便

表示趁做某事的方便做另一件事。如：

(*Do something*) *in passing, conveniently, without extra effort.* For example：

    （1）你去邮局的时候能不能顺便替我寄一封信？

    （2）我回家经过这儿，顺便来看看你们。

（四）有事好和您联系

"好"这儿是"可以"、"以便"的意思，用在后一小句，表示前一小句中动作的目的。如：

"好" used in the second clause indicates a purpose, meaning "可以"，"以便". For example：

（1）别忘了带伞，下雨好用。

（2）告诉我他的地址，我好找他去。

（五）到底

用在问句里，表示深究。如：

It is used in an interrogative sentence to indicate an attempt to get a definitive answer. For example：

（1）你一定要说清楚，你跟他们到底是不是常常见面？

（2）你昨天说要去，今天又说不想去，你到底想不想去？

练　　习

（一）替换

1．A：我想，你 | 一定去过西安 / 还没去过那儿 / 现在不忙 | 吧？　B： | 不，还没去过。 / 是的，还没去过。 / 不，我正忙着呢。

2．A：如果 | 明天下雨 / 他不来 / 买不到飞机票 | 呢？　　B：那就 | 不去了。 / 不等他了。 / 买火车票。

3．A：顺便问一下， | 您有寻呼机吗？ / 这儿可以照相吗？ / 照片什么时候能洗出来？ | B： | 有。 / 行，照吧。 / 你过两天来取吧。

4．A： | 这 / 你 / 这件衣服 | 是 | 在哪儿拍 / 什么时候回来 / 花多少钱买 | 的？　B： | 我自己也忘了。 / 两三天以前。 / 不太清楚，是我姐姐给我买的。

5．A：听说，

<table>
<tr><td>你去西安了。
你拍了不少照片。
他最近比较空。</td><td>B：</td><td>对，昨天刚回来。
是啊，拍了好几卷胶卷呢。
哪儿呀，他每天在图书馆
查资料。</td></tr>
</table>

（二）选择适当的词语填空

    1．（1）老师，您明天有没有空______？

<table>
<tr><td>吧 吗 呢 ○</td></tr>
</table>

      （2）我明天送我朋友回国，可以请假______？

      （3）我想，这儿的夏天大概很热______？

      （4）A：我想去中国的东北看看。

          B：那儿太冷，我不想去。

          A：那么，你想去哪儿______？

    2．（1）请问，长江有______？

<table>
<tr><td>多深 多远 多长时间
多长 多大 多高 多宽</td></tr>
</table>

      （2）A：你______？

          B：我一米八。

      （3）A：你来上海______了？

          B：我来了一个多月了。

      （4）上海离北京有______？

      （5）A：你的房间有______？

          B：大概十四平方米吧。

（三）用括号里的词语完成对话

    1．A：________________________？（一定……吧　雄伟）

      B：那当然，长城的气势雄伟极了。

    2．A：________________________？（请教）

      B：当然可以。什么问题？

    3．A：________________________？（打听一下　预订）

      B：对，您要订几号的？

    4．A：________________________？（看来　感兴趣）

      B：对，我特别喜欢照相。

（四）对话（询问）

    1．去什么地方旅行过，什么时候去的，怎么去的，那儿有些什么好玩的地方。

    2．去饭店预订火车票，问有没有明天去 X 的卧铺票，多少钱一张，火车什么时候开，什么时候到达。

    3．问某个地方的面积、人口等情况。

（五）听力

    1．听对话，然后选择最恰当的答案

（1）A．去过　　　　　B．没去过　　　　　C．下星期去

（2）A．今天　　　　　B．明天　　　　　　C．后天

（3）A．星期一　　　　B．星期四　　　　　C．星期五

（4）A．火车票　　　　B．飞机票　　　　　C．轮船票

（5）A．经济问题　　　B．船舱　　　　　　C．飞机票

（6）A．45278292　　　B．61578922　　　　C．65178292

（7）A．去取钱　　　　B．去取包裹　　　　C．去取信

（8）A．文章　　　　　B．小雁塔　　　　　C．照片

（9）A．图书馆　　　　B．食堂　　　　　　C．教室

（10）A．打电话　　　　B．打 BP 机　　　　C．问电话号码

    2．听短文，然后选择最恰当的答案

（1）木村什么时候去的北京？

    A．上个星期

    B．这个星期

    C．下个星期

（2）他去北京、回上海都是坐的飞机吗？

    A．去的时候坐飞机，回来的时候坐火车

    B．去的时候坐火车，回来的时候坐飞机

    C．去和回来都坐飞机

（3）他在那儿拍的照片怎么样？

    A．张张都好极了

    B．气势非常雄伟

    C．现在还不知道

（4）最近他还打算去旅行吗？

    A．还没决定　　　B．还要去　　　　　C．不去了

补 充 生 词

1. 恐怕　　kǒngpà　　（副）　　I'm afraid; I think
2. 最好　　zuìhǎo　　（副）　　had better
3. 平方　　píngfāng　　（名）　　square
4. 卧铺　　wòpù　　（名）　　sleeping berth

附　听力材料

1. 对话

(1) 女：你没去过杭州吧？

　　男：不，上星期刚回来。

　　问：男的去没去过杭州？

(2) 女：我明天去东京。

　　男：你不是说后天去吗？

　　问：女的原来打算什么时候去？

(3) 女：我们什么时候考试？

　　男：星期四口试，星期五笔试。

　　问：口试是星期几？

(4) 女：您要什么时候的？

　　男：我要下礼拜一开往北京的，22 次。

　　问：男的在买什么？

(5) 女：你要头等舱还是经济舱？

　　男：一张经济舱。

　　问：他们在谈什么？

(6) 女：您的电话号码是多少？

　　男：65178292

　　问：他的电话号码是多少？

(7) 女：我下午要去银行取钱。

　　男：你能不能顺便替我寄一封信？

　　问：女的下午要干什么？

（8）女：这张拍得不错。

男：这是在小雁塔照的。

问：他们在看什么？

（9）女：你出去？

男：我去查点资料。

问：男的可能去哪儿？

（10）男：请拷85412023，回电号码：65103808 转 6204。

女：您贵姓？

男：我姓李。

问：男的在干什么？

2．短文

木村上个星期去了一趟北京，他是坐飞机去的。前天晚上坐火车回到上海。他去了故宫博物馆、长城等很多地方。故宫、长城的气势非常雄伟，他在那儿拍了很多照片。这些照片拍得怎么样？等明天洗出来就知道了。

木村非常喜欢旅行，他觉得要去的地方实在太多了。这不，今天上午他又去预订机票了。这一回，他打算去哪儿呢？

第五课　祝贺你得了奖

课　　文

A

A：祝贺你，汉语比赛得了奖。我们为你高兴。

B：谢谢！这得归功于我的老师和同学们。

A：主要还是你自己努力的结果。

B：如果没有大家的帮助，我不会取得这么好的成绩。
　　你们一遍又一遍地听我试讲，给我提了很好的建议。
　　昨天比赛时，又都来给我鼓劲，使我信心百倍。

A：这是应该的。昨天你紧张不紧张？

B：那还用说，紧张得很哪！昨天的决赛对手很强。

A：不过，你看上去显得比较轻松。

B：我是在努力使自己轻松一些。

B

A：小林，生日快乐！我给你带来一件小小的生日礼物。

B：我代表大家送你一个生日蛋糕。祝你生日快乐！

C：今天是你的二十岁生日，这是一件小礼物，祝你永远
　　年轻漂亮！

A：让我们举杯，为小林的生日干杯！

合：干杯！

D：二十岁，还是多梦的年龄。祝你梦想成真！

E：感谢大家的祝贺。这是我第一次不在家里过生日。虽然没有家人在身边，我仍然感受到了家庭般的温暖。我也衷心祝愿大家身体健康，万事如意！干杯！

合：干杯！

C：我提议，为我们大家学习进步，工作顺利干杯！

合：干杯！

E：我们一起来分享蛋糕吧！真精美！上面还写着：寿比南山。

D："寿比南山"，好像是祝贺老人生日时用的吧？

B：哎呀，是我弄错了。该怎么办呢？

E：没关系。我有时也要闹点笑话。来，让我们为这个"错误"干杯！

C

A：好久不见，你在忙什么呀？

B：忙着找工作。快毕业了，我想留在上海工作。几个星期来东奔西跑的，去一家家公司面试，把我给累得喘不过气来。

A：有结果了没有？

B：还没呢。要找一份满意的工作真不容易。现在用人单位的要求都很高。明天我还要去两家公司面试。

A：祝你一切顺利！早日找到好工作！

B：谢谢你的祝愿。对了，你明年也要毕业了吧？

A：是啊。我现在正准备考研究生。早一点准备，多一分把握。

B：那很好，现在正需要高学历人才。我预祝你成功！

A：谢谢！但愿我俩都心想事成！

生　　词

1. 祝贺	zhùhè	（动）	congratulate
2. 奖	jiǎng	（名）	prize
3. 归功	guīgōng	（动）	give the credit to
4. 提	tí	（动）	put forward
5. 鼓劲	gǔ jìn		bring one's drive into full play
6. 信心百倍	xìnxīn bǎibèi		full of confidence
7. 决赛	juésài	（名）	finals
8. 对手	duìshǒu	（名）	opponent
9. 感受	gǎnshòu	（动）	experience; feel
10. 梦想成真	mèngxiǎng chéng zhēn		fond dreams become a reality
11. 般	bān	（助）	sort; kind; way
12. 衷心	zhōngxīn	（形）	heartfelt; wholehearted
13. 祝愿	zhùyuàn	（动、名）	wish
14. 万事如意	wànshì rú yì		everything goes well
15. 提议	tíyì	（动）	propose; suggest
16. 分享	fēnxiǎng	（动）	share
17. 精美	jīngměi	（形）	exquisite; elegant
18. 寿比南山	shòu bǐ nánshān		longevity exceeding Southern Mountain
19. 东奔西跑	dōng bēn xī pǎo		run around here and there
20. 面试	miànshì	（动）	interview
21. 喘	chuǎn	（动）	breathe (deeply); gasp
22. 单位	dānwèi	（名）	unit
23. 把握	bǎwò	（名）	assurance; certainty
24. 学历	xuélì	（名）	record of formal schooling
25. 人才	réncái	（名）	a person of ability
26. 但愿	dàn yuàn		if only; I wish
27. 心想事成	xīn xiǎng shì chéng		all wishes come true

注　　释

（一）"那还用说"

反问句。A rhetorical question.

"那还用说"意思是"不用说"，也就是"当然"的意思。

（二）"家庭般的温暖"

就是"像家庭一样的温暖"。

（三）"几个星期来"

就是"几个星期以来"。这里"……（以）来"表示从过去某个时候到现在。如：

"……（以）来" means "from ... up to now".

（1）几天来，他一直在为参加演讲比赛作准备。

（2）五年来，这个学校的留学生人数增加了两倍。

（四）"东奔西跑"、"寿比南山"、"心想事成"

都是成语。汉语的成语大多是四个字，结构紧密，言简意赅。

The above phrases are called 成语. 成语（idiom）is a set phrase, concise and comprehensive, usually consisting of four characters.

词 语 例 解

（一）为

1．我们为你高兴。

这里的"为"表示原因。又如：

Here "为" indicates the cause. Other examples：

（1）大家都为这件事高兴。

（2）他说他为我感到骄傲。

2．为我们大家学习进步，工作顺利干杯！

这里的"为"表示目的。又如：

Here "为" indicates the purpose. Other examples：

（3）他正在为参加 HSK 作准备。

（4）这件小礼物是特意为你买的。

（二）主要还是你自己努力的结果

这里的"还是"表示"不因上面所说的情况而改变"。又如：

Here "还是" means "（though...）yet anyhow...". Other examples：

 （1）虽然他很忙，但他还是抽出时间去看了一次。

 （2）老师的帮助很重要，但主要还是靠你自己。

（三）使我信心百倍

"使"表示"致使"，带兼语。

"使" means "make（somebody feel ..., become ..., etc.）"

 （1）我的话使他很不愉快。

 （2）他们的热情服务使顾客感到非常满意。

（四）看上去显得比较轻松

"看上去"表示"从外表估计、打量"。

"看上去" indicates an estimate according to the appearance.

 （1）他看上去只有十七八岁。

 （2）他看上去好像是北方人。

（五）算了

表示放弃某个行为、要求、打算。

It indicates giving up（a plan, demand, etc.）.

 （1）A：还要另外付钱给您吗？

   B：算了算了。

 （2）你要是没时间去，就算了吧。

（六）闹笑话

意思是，因为粗心大意或缺乏知识经验而发生可笑的错误。如：

It means to make a ridiculous mistake because of carelessness or lack of knowledge or experience. For example：

 我刚来中国时，因为听不懂汉语，常常闹笑话。

（七）把我给累得喘不过气来

这里的"把"表示致使。意思是"这些事使我累得喘不过气来"。句子里的"给"是助词，用来加强语气。又如：

The above "把" sentence is used to indicate how a person or something is affected by something. "给" before the verb can be omitted without affecting the meaning.

(1) 把他热得满头是汗。(他热得满头是汗。)

(2) 这个消息把他高兴得差点儿跳起来。

(他听了这个消息，高兴得差点儿跳起来。)

(3) 她把肚子都笑疼了。(她笑得肚子都疼了。)

练　　习

(一) 替换

1. 祝贺

> 你!
> 你取得成功!
> 你得了奖!
> 你得了第一名!

2. 我们为你

> 高兴。
> 感到骄傲。

3. 祝你

> 好运!
> 全家幸福!
> 学习进步!
> 节日愉快!
> 事业发达!
> 生意兴隆!
> 身体健康，工作顺利，万事如意!

4. 祝你早日

> 找到好工作!
> 恢复健康!

5. 但愿

> 如此。
> 我俩都心想事成!
> 一切顺利!

(二) 用适当的词语填空

1. 为__________干杯!

2. 为＿＿＿＿＿＿＿＿＿＿干杯!

3. 为＿＿＿＿＿＿＿＿＿＿干杯!

4. 为＿＿＿＿＿＿＿＿＿＿干杯!

(三) 用括号里的词语完成句子

　　1. 感谢大家的美好祝愿,我也＿＿＿＿＿＿＿＿＿＿＿＿＿＿! (衷心
　　　祝愿)

　　2. 听说你明天要参加考试,我＿＿＿＿＿＿＿＿＿＿＿＿＿! (预祝
　　　取得)

　　3. A: 昨天晚上你们表演的汉语节目非常成功,祝贺你们!
　　　　B:＿＿＿＿＿＿＿＿＿＿＿＿＿＿。(应该　归功于)

　　4. A: 祝你回国后找到一个好工作!
　　　　B:＿＿＿＿＿＿＿＿＿＿＿＿＿＿。(但愿)

(四) 对话(祝贺和祝愿)

　　1. 今天是你朋友的生日,你和同学们向他表示祝贺和祝愿。

　　2. 你的朋友考上了研究生,你向他表示祝贺。

　　3. 你的朋友马上就要毕业了,你向他表示祝贺和祝愿。

(五) 听力

　　1. 听对话,然后选择最恰当的答案

　　(1) A. 不能喘气　　　　B. 身体不好　　　C. 非常忙

　　(2) A. 我的进步要归功于你

　　　　B. 我没有得到你的帮助和指教

　　　　C. 我进步不大

　　(3) A. 去很多地方游览　B. 在到处找工作　C. 忙于工作

　　(4) A. 肯定能赢　　　　B. 希望能赢　　　C. 不可能赢

　　(5) A. 弄错了　　　　　B. 开了一个玩笑　C. 听了一个笑话

　　(6) A. 他不知道怎么走,当然带了地图

　　　　B. 他知道怎么走,不用带地图

　　　　C. 他不认识路,可是忘了带地图

　　(7) A. 感到满意　　　　B. 觉得一般　　　C. 觉得不满意

　　(8) A. 不太有信心　　　B. 有一点信心　　C. 没有信心

　　(9) A. 考研究生没意思　B. 学历很重要　　C. 应该早一点准备

　　(10) A. 三月以前　　　　B. 三月　　　　　C. 三月以后

2．听短文，填空

(1) 王林在汉语演讲比赛中取得了第________名。

(2) 王林学过________年半汉语。

(3) 参加比赛以前，他练习了________天。

(4) 老师、同学给他提了很多________。

(5) 昨天大家都去听他演讲，给他________。

补 充 生 词

1. 事业	shìyè	（名）	undertaking; work
2. 发达	fādá	（形）	well-developed; flourishing
3. 生意	shēngyi	（名）	trade; business
4. 兴隆	xīnglóng	（形）	brisk; prosperous
5. 恢复	huīfù	（动）	recover; restore
6. 如此	rúcǐ	（代）	so; such

附 听力材料

1．对话

(1) 女：你最近挺忙的吧？

　　男：那还用说，都喘不过气来了。

　　问：男的最近怎么样？

(2) 女：你的汉语进步很大。

　　男：如果没有你的帮助和指教，我不可能取得这么大的进步。

　　问：男的是什么意思？

(3) 女：你这几天东奔西跑的，在忙什么呀？

　　男：还不是忙着找工作。

　　问：这几天男的在干什么？

(4) 女：这场比赛有把握吗？

　　男：但愿能赢。

　　问：男的是什么意思？

(5) 女：我还以为他是中国人呢，差点儿闹笑话。

男：他看上去是有点儿像中国人。

问：女的刚才怎么样？

(6) 女：你带地图了吗？

男：我又不是第一次去，还会不认识路？

问：男的是什么意思？

(7) 女：你看没看昨天晚上的汉语演讲比赛？

男：看了。怎么搞的，我们班的同学一个也没得奖。

问：男的对这次比赛的结果怎么看？

(8) 男：这次足球比赛，我们肯定拿第一。

女：你得了吧，能进决赛就不错了，还拿第一呢。

问：女的对他们取得第一名有信心吗？

(9) 女：我正准备考研究生呢。

男：算了吧，要那么高的学历干什么。

问：男的是什么意思？

(10) 女：明天是三月四号，小林的生日。对了，你的生日也快到了吧？

男：早过了。

问：男的生日在什么时候？

2．短文

昨天，王林参加了学校的汉语演讲比赛，取得了第三名。参加比赛的同学来自世界各地，有的学过一年汉语，有的已经学了三年了。王林学了一年半。这次参加比赛之前，他练习了好多天，老师、同学给他提了很多建议。昨天，大家都去给他鼓劲加油。开始的时候，王林有点儿紧张，可是，一看到同学、朋友都坐在下面看着他，他就轻松多了。他非常感谢大家对他的热情帮助。

第六课　来向你告辞

课　文

A

A：哟，都快九点了。时间不早了，我该走了。

B：急什么，再坐一会儿吧！来，再吃点儿西瓜。

A：不了，不了。再吃下去，我要走不动了。今天打扰了
你们半天，真不好意思。

B：哪儿的话。我们一起谈谈话，挺有意思的。以后还
请多来坐坐。

A：一定来。你们忙这忙那的，真热情好客。"一回生，
二回熟"，下次来，可别把我当外人了。

C：那你下次也别带东西来。今天让你破费了。

A：破费什么，只是给孩子的一点儿小礼物。好吧，你们
请留步。

B：我送你到车站。

A：不必客气。请回吧。再见！

B、C：再见！请走好！

B

A：是村上啊。快请进。

B：我是来向你告辞的。我要回国了，星期五的飞机。

A：怎么说走就走？

B：我们公司准备在香港新开一家分公司，要我马上去。

A：恭喜你！

B：谢谢！这是我养的几盆花，你要是喜欢，就留做纪念吧。

A：那就谢谢你了。你一走，我可冷清多了。

B：平时我们一起打球、喝酒、聊天，多热闹。多谢你平时对我的关心照顾。

A：到了那儿，别忘了写信来。

B：忘不了。一到香港，我就给你发电子邮件。

A：星期五我去送你。

B：你有课，就不必了。

A：那就请多保重。

B：你也多多保重。后会有期。

C

A：今天路上很顺利。

B：这么快就到机场了。

C：我来拿箱子吧。

A：那两个包给我。

B：两个都给你，怕拿不过来吧。我自己可以拿一个。

A：没问题，一手一个刚好。你拿好护照、机票就行了。

B：真感谢你们俩来送我。这儿有推车，行李都放在上面好了。你们请回吧。

C：我们等你起飞。

B：不必了，离起飞还有一个多小时呢。再说，进了海关，我们就得分手了。

A：那我们就送你到海关。欢迎你有机会再来学校看看。

C：见到你家人，请代我向他们问好。
B：好的，谢谢。我进去了，再见！
A：再见！ 祝你一路平安！
C：祝你一路顺风！

生　　词

1. 西瓜	xīguā	（名）	water melon
2. 打扰	dǎrǎo	（动）	disturb; trouble
3. 好客	hàokè	（形）	hospitable
4. 外人	wàirén	（名）	outsider; stranger
5. 破费	pòfèi	（动）	go to some expense
6. 留步	liúbù	（动）	don't bother to see me out
7. 告辞	gàocí	（动）	take leave (of one's host)
8. 养	yǎng	（动）	raise; keep; grow
9. 冷清	lěngqing	（形）	cold and cheerless; lone
10. 电子邮件	diànzǐ yóujiàn		e-mail
11. 保重	bǎozhòng	（动）	take good care of oneself
12. 后会有期	hòu huì yǒu qī		we'll meet again some day
13. 顺利	shùnlì	（形）	successful; smooth
14. 刚好	gānghǎo	（形）	just right
15. 推车	tuīchē	（名）	cart
16. 起飞	qǐfēi	（动）	take off
17. 海关	hǎiguān	（名）	customhouse
18. 机会	jīhuì	（名）	chance; opportunity
19. 一路平安	yílù píng'ān		have a pleasant journey
20. 一路顺风	yílù shùnfēng		have a good trip

专　　名

香港	Xiānggǎng	Hong Kong

注　　释

（一）"再坐一会儿吧"

客气话。客人告辞时，主人表示挽留。

One of the polite formulas used by the host to urge the guest to stay when he is to leave.

（二）"哪儿的话"

表示否定。如：

An expression of negation. For example：

A：我刚才对你提了一点意见，你不见怪吧？

B：哪儿的话，非常欢迎你对我们的工作提出意见。

（三）"一回生，二回熟"

指人和人交往，刚开始时不熟悉，来往多了，就成了朋友。

It means that though we are strangers when we first meet each other, we'll become friends later when we have more contacts with each other.

这里，"一"和"二"都是数词，"生"和"熟"都是形容词，"一回生"和"二回熟"在结构和韵律上是对称的。汉语比较讲究结构和韵律的对称性。又如：东张西望；南来北往；一清二楚；眉开眼笑；忙这忙那；东看看，西瞧瞧。

"一" and "二" are both numerals；"生" and "熟" are both adjectives. "一回生" is symmetrical in structure and rhythm with "二回熟". Symmetry in structure and rhythm is typical of some expressions and sentences in Chinese. Other examples：东张西望；南来北往；一清二楚；眉开眼笑；忙这忙那；东看看，西瞧瞧.

（四）"别把我当外人"

外人，指没有亲友关系的人。这句话的意思是：我们是朋友，可以随便一点，不要这么客气。

"外人" refers to those people who are not kith and kin. The sentence means that since we are friends, you needn't be so "客气" to me.

（五）"让你破费了"

意思是:让你花了很多钱。这是接受礼物时说的客气话。

An expression of polite formulas used when accepting a gift, meaning "I feel uneasy because the gift cost you so much."

(六)"请留步"

客气话。客人请主人不要再送了。

An expression of polite formulas used by the guest when the host sees him off, meaning "don't bother to see me out or come any further".

(七)"说走就走"

"说……就……",表示事情突然发生,事先没有预兆;或立即行动,事先不作准备。

"说……就……" indicates that something happens all of a sudden without any omen, or that some action is taken without any preparations.

(1) 这天气刚才还好好的,怎么说下雨就下雨了。

(2) 我们几个人说干就干,一会儿就把事情办完了。

(八)"一手一个"

这里的"一"是"每"的意思,即,每只手拿一个。又如:

Here "一" means "each", "every". Another example:

这些书一人一本。

(九)"再说"

表示补充说明。如:

What's more, *and*. Another example:

我没在那儿拍照。我没带照相机,再说,我对照相也不感兴趣。

词 语 例 解

(一) 都快九点了

这里"都"是"已经"的意思。如:

Here "都" indicates that it is late or the amount is large, meaning "already". For example:

(1) 都十二点了,还不睡!

(2) 我都六十啦,该退休了。

（二）再

1．再坐一会儿吧。

这里的"再"表示"继续"，"再"还有"更加"的意思。又如：

Here "再" means "continue", "more". Other examples：

（1）下课以后你们再练习练习。

（2）再大一点！

（3）能不能再便宜一点？

2．再吃下去，我要走不动了。

意思是：如果再吃下去，我要走不动了。"再……"作为假设分句，前面常常省略"如果"。

It means：如果再吃下去，我要走不动了。When "再……" is used to indicate the possible continuation of something, "如果" is often omitted.

（4）（如果）再热下去，我可受不了了。

（三）……下去

"下去"用在动词、形容词后面，表示继续。

"下去" can be used after a verb or an adjective, indicating the continuation of an action or state.

（1）请说下去。

（2）天气还要热下去。

（四）走得动　走不动

这里"走得动"表示有力气走，"走不动"表示没有力气走。又如：骑得/不动，爬得/不动。

"……得动"，"……不动" means having or not having enough strength to do something. Other examples：

（1）年纪大了，走不动了。

（2）骑车到那儿得三个小时呢，你骑得动吗？

（五）急什么　破费什么

"……什么"有两个意思：A：不……；　B：别……。

（1）A：这几天你很忙吧？

　　B：忙什么！晚上十点钟就睡了。

　　（忙什么＝不忙）

（2）星期天还看什么书！出去玩吧。

　　（看什么书＝别看书）

（六）拿得过来　拿不过来

　　"……得/不过来"表示能/不能完成,常跟数量有关系。

　　"……得/不过来" means can or cannot manage to do something. It
usually has something to do with the quantity.

　　（1）这么多的书,我怎么看得过来。

　　（2）事太多,我一个人忙不过来。

练　　习

（一）替换

1. A：我 | 该走了。
得告辞了。　　B：急什么,再坐会儿吧。
请下次再来。

2. A： 慢走。
走好。
我送你一段吧。　　B：留步。
再见。
不用不用,请回吧。

3. 咱们 | 回头见。
明天见。
后会有期。

4. 祝你 | 一路顺风！
一路平安！
旅途愉快！

5. 我 | 跟你告别来了。
是来向你告辞的。
就要走了。
马上要回国了。

6. 希望以后 | 保持联系。
多联系。
多来信。

（二）选择适当的词填空

1. ________八点半了，我该走了。

2. ________八点半，还早呢，________坐会儿吧。

3. 下次________别这么客气了。

4. A：请留步！

   B：好，那我________不送了。

5. 以后________请常来坐坐。

就　才　都
可　还　再

（三）用括号里的词语完成对话

1. A：再坐一会儿吧。

   B：________________________。（打扰　半天　该走）

2. A：下次来可别再带礼物了。这次让你破费了。

   B：________________________。（什么　只是）

3. A：请多保重。

   B：________________________。（也）

4. A：见到你家人，请________________________。（代　问好）

   B：好的，谢谢！

（四）对话（告别和送行）

1. 你去朋友家做客以后，向他告辞。

2. 你要回国了，去向朋友告别。

3. 在机场送别你的朋友。

（五）听力

1. 听对话，然后选择最恰当的答案

（1）A. 机场　　　　　　B. 火车站　　　C. 学校

（2）A. 每人都能拿到很多书

　　　B. 每人只能拿到一本书

　　　C. 只有一个人能拿到很多书

（3）A. 太大　　　　　　B. 太小　　　　C. 正好

（4）A. 男的常常忘了给朋友写信

B. 他们俩就要分手了

C. 以后他们不再联系了

(5) A. 为什么去散步

B. 什么时候去散步

C. 不去散步

(6) A. 这时候他没空　　　B. 现在还早　　　C. 太晚了

(7) A. 别说了　　　　　　B. 继续说　　　　C. 别生气

(8) A. 他身体怎么样

B. 他能不能过去看她

C. 他能不能做那么多的事儿

(9) A. 骑车太慢　　　B. 她骑不动　　　C. 她不想去

(10) A. 他不打算去做客

B. 他不会做菜

C. 他在朋友家吃饭

2. 听短文,然后回答问题

(1) 村上在中国多长时间了？他什么时候回国？

____

(2) 他为什么感到很高兴？

____

(3) 他为什么感到很留恋？

____

补 充 生 词

1. 回头	huítóu	（副）	later
2. 旅途	lǚtú	（名）	journey
3. 告别	gàobié	（动）	say good – bye to
4. 保持	bǎochí	（动）	keep
5. 留恋	liúliàn	（动）	be reluctant to leave

附　听力材料

1. 对话

(1) 女：我们等你起飞吧。

男：不必了，离起飞还有一个多小时呢。

问：他们在哪儿？

(2) 女：这么多书啊！

男：多什么！一人一本刚好。

问：从这段对话我们知道什么？

(3) 女：这件怎么样？

男：有没有再大一点的？

问：男的觉得这件衣服怎么样？

(4) 女：回国以后别忘了给我写信。

男：放心，忘不了。

问：从这段对话我们知道什么？

(5) 女：咱们出去散散步吧。

男：散什么步啊，我还得做作业呢。

问：男的是什么意思？

(6) 女：再等等吧。

男：都这时候了，他还能来？

问：他为什么不可能来了？

(7) 女：说下去呀，怎么不说了？

男：再说下去，我怕你生气。

问：女的让男的干什么？

(8) 女：这么多的活儿，你一个人忙得过来吗？

男：没事儿。我身体棒着呢。

问：女的问了什么问题？

(9) 男：我们骑车去吧。

女：那么远的路，我可不行。

问：女的是什么意思？

(10) 男：给你们添麻烦了。

女：哪儿的话，你不来，我们也要做菜做饭的。

问：关于男的，我们可以知道什么？

2. 短文

村上星期五就要回国了，因为公司准备派他去香港工作。他感到很高兴，又感到很留恋。感到很高兴，是因为他现在能说一口流利的汉语了，去香港工作问题不大。感到很留恋，是因为他不愿意离开他的朋友们。一年多以来，他交了不少朋友，有中国人，也有其他国家的留学生，他们在一起学习、打球、聊天、喝酒，互相关心，互相帮助。他永远忘不了他们，忘不了这兄弟般的友情。

第七课　比这件大一个尺码

课　文

A

A：我想给我弟弟买件 T 恤衫。

B：你弟弟有我这么高吗？

A：和你差不多高，但没你这么胖。你看，长短怎么样？

B：我看长短可以，不过好像小了点儿。

A：没关系，他比你瘦一点儿。你看，白颜色好，还是黑颜色好？

B：我觉得穿黑的比穿白的帅。不过，他穿什么颜色好，我就说不准了。

A：他皮肤白，那就买黑的吧。(对营业员说)麻烦你，请换一件黑色的。

C：好的。请问，还是这个尺码吗？

A：不，比这件大一个尺码。

B

A：下学期我想换个房间，搬到西楼去住。

B：可西楼比东楼贵，差不多要多付一半的房租。

A：贵是贵了不少，可西楼的房间比东楼的大。再说，还有空调和彩电呢。

B：我还是觉得花那么多钱没意思。

A：如果和你一样，住在南边的房间里，我也不愿搬。

B：我看，除了冬天，别的季节，朝南朝北没什么两样。

A：你没住过朝北的房间，你不知道，南边的房间比起北边的来，要好得多。北边靠马路，从早到晚，人来车往。有时夜里比白天还热闹，常常把我从梦中吵醒。

B：难怪，难怪。你什么时候搬，告诉我一声，我来帮忙。

A：不麻烦你了。东西不多，我一个人能行。

B：你别客气，多个人总比少个人好。

C

A：今天天气怎么样？你听过天气预报吗？

B：我醒来第一件事就是听天气预报。今天晴转多云，傍晚有雷阵雨，最高温度 35 度。

A：怎么今天气温比昨天还高？

B：可不是，还高一度。不过，如果下雨，晚上会凉快一些。

A：那太好了。我以前住在北方，夏天的时候，白天也很热，可是，晚上却没有上海这么闷热。

B：我以前在昆明呆过，这里的气候比起昆明来，糟多了。夏天热，冬天冷，梅雨季节又长。

A：昆明四季如春，上海哪能和昆明比？

B：听说，五号台风要来了。

A：那再好没有了。台风一来，就凉快多了。

B：你也不想想，台风会带来灾害。

A：那倒是。

B：咱们快走吧。教室里要比这儿凉快多了。

生　　词

1．T恤衫	tīxùshān	（名）	T-shirt
2．胖	pàng	（形）	fat; stout; plump
3．瘦	shòu	（形）	thin; slim
4．帅	shuài	（形）	handsome; smart; beautiful
5．皮肤	pífū	（名）	skin
6．尺码	chǐmǎ	（名）	size
7．房租	fángzū	（名）	rent for a house
8．空调	kōngtiáo	（名）	air conditioner
9．彩电	cǎidiàn	（名）	colour TV
10．季节	jìjié	（名）	season
11．靠	kào	（动）	be near; lean against
12．吵	chǎo	（动）	make a noise
13．醒	xǐng	（动）	wake up
14．难怪	nánguài	（连）	no wonder; understandable
15．总	zǒng	（副）	anyway; after all
16．预报	yùbào	（名）	forecast
17．转	zhuǎn	（动）	change; turn; shift
18．多云	duōyún		cloudy
19．雷阵雨	léizhènyǔ		thunder shower
20．闷热	mēnrè	（形）	sultry
21．呆	dāi	（动）	stay
22．糟	zāo	（形）	bad; poor
23．梅雨	méiyǔ	（名）	the plum intermittent drizzles
24．台风	táifēng	（名）	typhoon
25．灾害	zāihài	（名）	disaster; calamity

专　　名

昆明	Kūnmíng	name of a city

注　　释

（一）"你看，长短怎么样"、"我看长短可以"

　　"我看"、"你看"、"我说"、"你说"都可以表示"我/你想"、"我/你觉得"。

　　"我看"，"你看"，"我说"，"你说" means "in my / your opinion".

　　　　A：你看，我们什么时候去？

　　　　B：我看，明天就去吧。

（二）"朝南"、"朝北"

　　在中国，农村的房子大多是朝南的，城里人也喜欢住在朝南的房间，因为朝南的房间冬天比较暖和，夏天比较凉快。

　　In China, most of the houses face south in the countryside, and people in cities prefer to live in the rooms facing south too, because a room facing south is warmer in winter and cooler in summer.

（三）"怎么今天气温比昨天还高？"

　　这里用"还"含有"昨天气温也很高"的意思。这句话的意思是：昨天气温很高，今天气温更高。又如：

　　The "还" in "比昨天还高" implies that "昨天气温也很高". Another example：

　　　　他弟弟个子很高，有一米九，可他比他弟弟还高。

（四）"可不是"

　　意思是"对"、"是的"，表示随声附和。"不是"读轻声。也可以说"可不"。

　　It is used to echo what the other party says to express agreement. "不是" in "可不是" is unstressed. We can also say "可不" instead of "可不是".

（五）"梅雨"

　　指六月中旬到七月上旬在长江中下游地区的连续阴雨天气。

　　The rainy season in the middle and lower reaches of the Yangtze river from the middle of June until around the tenth of July.

（六）"再好没有了"

　　就是"最好了"。"再……没有了"是"最……"的意思。如：

"再……没有了"means "最……". e.g.

    (1) 那儿的东西再便宜没有了。(最便宜了。)

    (2) 这时候去再合适没有了。(最合适了。)

(七)"你也不想想"

意思是：你应该想想。"也不……"可以表示对某人的行为不赞成，带有一种责备的语气。如：

It means 你应该想想."也不……" indicates the disagreement of somebody's behavior, with a tone of blaming. Another example：

    (1) 他也不问我一声，就随随便便地同意了。

        (他应该先问我一下。)

    (2) 明天就要考试了，你今天也不抓紧时间准备准备。

        (你应该准备准备。)

(八)"那倒是"

表示同意、理解别人的想法，这想法是说话人原来没有想到的。

It indicates that the speaker agrees with somebody's idea, though the idea is not expected by the speaker.

词 语 例 解

(一) 多付一半的房租

"多"、"少"、"早"、"晚"、"好(容易)"、"难"等可以放在动词前面，表示比较。

In a sentence of comparison, the verb can be modified by "多"，"少"，"早"，"晚"，"好(容易)"，"难".

    (1) 我比他少学半年。

    (2) 他早来三天。

    (3) 汉语和日语，哪个更难学？

(二) 贵是贵了不少, 可……

意思是：虽然贵了不少，可是……。"X 是 X"用作第一小句，有"虽然"的意思，后面的小句常常用"但是"，"可是"，"就是"，"只是"等。

"X 是 X"used as the first clause means "虽然……". The second clause often begins with "但是"，"可是"，"就是"，"只是"，etc..

（1）听是听清楚了，可是记不住。

（2）这皮大衣好是好，就是价钱太贵。

（三）比起……来

也可以说"跟/和……相比"。

The same as "跟/和……相比".

（1）现在的交通情况比起过去来，好得多了。

（2）比起冬天来，我更喜欢夏天。

（四）上海哪能和昆明比

"哪(儿)"可以用于反问句。

"哪(儿)" can be used in a rhetorical question.

"上海哪能和昆明比"就是"上海不能和昆明比"。

用于反问句的"哪(儿)"总是放在谓语的前面，句末可以用"啊"。又如：

"哪儿" in a rhetorical question is always put before the predicate and "啊" can be put at the end of the sentence. Other examples：

（1）A：你怎么不上我家来玩儿？

B：我哪有时间啊。

（2）A：看，下雨了，你怎么没带雨伞？

B：刚才天气还挺好的，我哪知道会下雨呀？

（五）如果下雨，晚上会凉快一些。　台风会带来灾害。

"会"除了表示能力以外，还可以表示可能性。如：Besides ability, "会" can also indicate possibility. e.g.

（1）明天会不会下雨？

（2）我想他一定会大吃一惊的。

（3）你妈妈一定会喜欢的。

练　　习

（一）替换

1. 比起

他	来，	我差得远了。
南边的房间		北边的冷多了。
排球		我更喜欢打篮球。

2. 他网球打得棒极了, 我 没有他打得好。
不如他。
比不上他。

3. 我觉得, 在上海骑自行车出去再 合适 没有了。
快
方便

4. 他太太比他 小五岁。
胖一点儿。
矮多了。

5. 我看, 朝南朝北 没什么两样。
没什么差别。
没什么不一样。

(二) 选择适当的词填空

1. 你们俩________起来, 谁的个子高?　　　比　比较

2. 请________一下这两个词的差别。

3. 今天________昨天更闷热。

4. 昨天很闷热, 今天________凉快。

(三) 用括号里的词语完成句子

1. A: 你们俩汉语都不错吧?

   B: 他说得比我好多了, 我__________________啊! (哪
   跟……比)

2. 我喜欢听音乐, 他__________________。(跟……一样　也)

3. 我是九月一号来的, 他是九月十号来的, 他__________________
   ____。(比　九天)

4. 他以前汉语不怎么样, 现在__________________。(说　比
   流利)

(四) 选择下面话题中的一个, 用下面的词语说一段话

比……一点儿　　……多了/　……得多

跟……一样　　再……没有了

1. 比较你熟悉的两个人。

2. 比较你熟悉的两个地方。

3. 比较两样东西。

（五）听力

1. 听对话,然后选择最恰当的答案

(1) A. 全班都去了

　　B. 有一个没去,别人都去了

　　C. 只去了一个,别人都没去

(2) A. 他们俩的手艺差不多

　　B. 他的手艺当然没有老张高

　　C. 他的手艺比老张高

(3) A. 刚醒来　　　B. 还在睡觉　　　C. 才起床

(4) A. 高了一点　　B. 小了一点　　C. 大了一点

(5) A. 很安静,他很满意

　　B. 太吵闹,他不太满意

　　C. 太冷清,他不太满意

(6) A. 女的买的东西太少

　　B. 女的买的东西质量太糟

　　C. 女的买的东西太贵

(7) A. 她希望回国时朋友能帮她拿行李

　　B. 她觉得她朋友不用送她

　　C. 她回国的时候没什么行李

(8) A. 他不愿意说

　　B. 他自己也不知道

　　C. 他想一直呆下去

(9) A. 都觉得合适

　　B. 女的觉得不合适,男的觉得合适

　　C. 女的觉得合适,男的觉得不合适

(10) A. 晴天　　　B. 早上有雨　　　C. 没有今天热

2. 听短文,回答问题

66

（1）小林为什么要搬到二号楼去？

（2）小林喜欢住在朝南的房间还是朝北的房间？

（3）比起一号楼来，二号楼的房间有什么缺点？

补 充 生 词

1. 差别　　chābié　　（名）　difference
2. 个子　　gèzi　　　（名）　height; stature
3. 流利　　liúlì　　　（形）　fluent
4. 熟悉　　shúxī　　　（动）　know well; be familiar with
5. 缺点　　quēdiǎn　　（名）　shortcoming

附　听力材料

1. 对话

（1）女：上星期你们全班都去西安旅行了？

　　男：对，除了我。

　　问：他们班上星期去西安旅行的人有多少？

（2）女：你做菜的手艺有没有老张那么高？

　　男：嗨，我哪能跟他比，人家是饭店的大厨师！

　　问：男的是什么意思？

（3）女：小江起床了吗？

　　男：他呀，还没醒呢。

　　问：小江在干什么？

（4）女：你现在住的房间比原来那间大一点吧？

　　男：可不。不过，租金也高了。

　　问：比起原来的房间来，他现在的房间怎么样？

（5）女：你家靠近郊区，那儿一定很安静吧？

　　男：安静是安静，就是太冷清了。

　　问：男的是什么意思？

（6）男：你花了那么多钱，就买了这么一点东西？

　　女：你也不看看，这些东西可都是名牌儿！

问：男的为什么生气？

（7）男：你什么时候回国，事先告诉我一声，我好送你去机场。

女：那再好没有了！要不，这么多行李我真不知道怎么拿呢。

问：女的是什么意思？

（8）女：你打算在这儿呆多久？

男：说不准。得看具体情况。

问：男的准备在这儿住多长时间？

（9）女：他穿了这件深色 T 恤，看上去更瘦了。

男：我看，他看上去更帅了！

问：这两个人觉得他穿这件 T 恤合适不合适？

（10）天气预报：今天晴天，最高温度三十五度，明天多云转阴，傍晚有雷阵雨，最低温度二十五度，最高温度三十一度。

问：明天天气怎么样？

2．短文

小林现在住在一号楼 502 房间，这个房间是朝南的，下个学期要搬到二号楼的 301 去，那是个朝北的房间。有人说，朝北的房间冬天冷得多。可小林觉得，朝南朝北没什么两样，冬天房间里有暖气，还不是一样暖和？还有人说，二号楼靠马路，外面人来车往，太吵了。小林觉得，吵是吵了点儿，可是，二号楼的房间比一号楼的大一些，还多了一个空调、一个彩电。比较起来，小林还是喜欢住在二号楼。

第八课　我很想学太极拳

课　文

A

A：每天早上，我看到好多人在打拳舞剑，心里痒痒的，也想拜个老师，学一门中国武术。

B：我认识一位朋友，他太极拳打得很棒，有不少学生。

A：我能拜他为师吗？我很想学太极拳。

B：那我问问他。

A：希望他能收我这个洋弟子。

B：你有什么具体要求吗？

A：具体要求？

B：我是说，你希望一星期学几次？

A：我想最好一星期学两次。

B：放在哪一天比较合适？

A：能不能一次放在星期六，一次放在星期三？具体时间请老师决定。

B：地点呢？

A：哪儿都行。

B：那好，我去跟他商量商量，估计不会有什么问题。

B

A：这些都是我的课本。

B：让我看看，你们发了些什么课本。

A：你看，精读、泛读、听力、口语什么的。

B：唉，我们低班只有一种《汉语听说》，多没劲儿！只怪我这次分班考试没考好。我要是能分在中班该有多好啊！

A：把基础打得扎实一些，不是很好吗？我还想去低班呢。

B：别谦虚了。你的汉语够好的了。

A：不是谦虚。我以前学过两年汉语，基本上是自学的，基础很不扎实。我很想再从头学一遍。咱们俩换一下，怎么样？

B：别开玩笑了，你还能去低班？

C

A：你早！

B：你早！你这么早就起来了，昨晚没睡好吗？

A：这是我在中国过的第一个晚上，心里很兴奋，一夜都没睡着。天一亮，就起来了，想出来走走看看。

B：我刚来的时候也是这样，哪儿都想去，什么都想看，一切都是那么新鲜、有趣。

A：在我还是小孩子的时候，中国就吸引着我。这是一个古老而美丽的国家，她有悠久的历史，灿烂的文化，还有伟大的人民。我从小就盼望着有一天能来中国。

B：现在你的愿望终于实现了。我也非常喜欢中国，将来想做一些韩中文化交流方面的工作。现在得抓紧时间好好学习。

A：你的汉语已经很不错了。

B：还差得远呢，特别是听和说。

A：我觉得学习语言，听和说是很重要的。现在我们每天听的、说的都是汉语。我要抓住机会多练习，希望短时间里听说能力得到较大的提高。

B：这也许是所有留学生的愿望吧。

生　　词

1.	打拳	dǎ quán		do shadowboxing
2.	舞剑	wǔ jiàn		do swordplay
3.	痒	yǎng	（形）	itch; tickle
4.	拜(师)	bài(shī)	（动）	acknowledge sb. as one's master; godfather; etc.
	拜他为师			take him as one's teacher
5.	门	mén	（量）	measure word for subjects
6.	武术	wǔshù	（名）	martial arts
7.	太极拳	tàijíquán	（名）	shadowboxing
8.	洋弟子	yángdìzǐ		foreign disciple, puple, etc.
9.	具体	jùtǐ	（形）	specific; particular
10.	商量	shāngliang	（动）	discuss; consult
11.	估计	gūjì	（动）	estimate
12.	基础	jīchǔ	（名）	foundation; base; basis
13.	谦虚	qiānxū	（形）	modest
14.	扎实	zhāshi	（形）	solid; down-to-earth
15.	兴奋	xīngfèn	（形）	excited
16.	睡着	shuì zháo		fall asleep
17.	一切	yíqiè	（形、代）	all; every; everything
18.	吸引	xīyǐn	（动）	attract; draw; fascinate
19.	古老	gǔlǎo	（形）	ancient; age-old

20. 悠久	yōujiǔ	（形）	long-standing; age-old
21. 灿烂	cànlàn	（形）	splendid; magnificent
22. 盼望	pànwàng	（动）	hope for; look forward to
23. 愿望	yuànwàng	（名）	wish, desire
24. 抓紧	zhuā jǐn		firmly grasp; pay close attention to

专　　名

| 韩(国) | Hán(guó) | Korea |

注　　释

（一）"打拳舞剑"

在中国的城市，很多人，特别是老人，习惯于一大早在公园、运动场、路边草地上锻炼身体。

In cities, a lot of people, especially the old, get up early in the morning, and take exercise in parks, sports grounds, or on the lawns by road.

（二）"心里痒痒的"

指心里有一种想做某事的冲动。

"心里痒痒的" indicates having an impulse to do something.

（三）"我是说，你希望一星期学几次"

"我是说"用于当对方对自己的话不理解或发生误会时，进行解释、说明。又如：

"我是说" is used to begin an explanation for what has been said if the listener has not understood or has misunderstood it. Another example:

A：你明天不用去送我了。

B：没关系，我明天没别的事。

A：不，我是说，我明天不走了，后天再走。

（四）"……什么的"

就是"……等等"。

It means "so on and so forth".

（五）"多没劲儿"

"没劲儿"就是觉得没有趣味、没有兴致。"多"也可以说"多么"，表示感叹，句末有时有"啊"，如：

"没劲儿" means feeling uninterested. "多" or "多么" is used in an exclamatory sentence indicating a high degree. Sometimes "啊" is put at the end of the sentence. For example：

我多么希望分在中班啊!

（六）"一切都是那么新鲜、有趣"

这里"那么"表示程度高。如：

Here "那么" indicates a high degree. e.g.

真没想到，星期天街上人那么多。

（七）"古老而美丽"

这里"而"用于连接并列的两个形容词。在两个形容词之间一般不能用"和"。

Here "而" is used between two adjectives. Generally speaking, "和" can not be used between them.

（八）"还差得远"

表示与别人相比还相差很大，或离要求、标准还相差很大。

It means there is much to improve compared with somebody or something else or in regard of one's aim.

词 语 例 解

（一）哪儿都行

汉语里常在陈述句中使用疑问代词"谁、什么、哪、哪儿、怎么"等表示"没有例外"。后面常用"都"或"也"。如：

In Chinese, interrogative pronouns "谁、什么、哪、哪儿、怎么" are often used in a statement meaning "no exception." "都" or "也" is often used after them. For example：

(1) 这事谁都知道。（任何人　Anyone）

(2) 他哪儿也不想去。/他什么地方也不想去。/

他哪个地方也不想去。(任何地方　Anywhere)

(3) 这车怎么修也修不好。(用任何方法　By any means)

注意：这时,疑问代词总是在"都/也"的前面。比较下面两句中"什么"的不同意思和不同位置：

When meaning "no exception", the interrogative pronouns are always put before "都/也". Compare the meaning and position of "什么" in the following sentences:

(4) 他吃了什么？(What did he eat?)

(5) 他什么也没吃。(He did not eat anything)

(二) 够

1. 表示"足够"。

It means enough, sufficient, adequate.

(1) 这些课本够不够？

(2) 你带的钱够用吗？

(3) 我还没睡够,让我再睡会儿吧。

2. 修饰形容词,表示程度高。

Modifying an adjective, it means quite, rather, really.

(1) 今天可真够冷的。

(2) 他已经够忙了,别再去麻烦他了。

(三) 着 (zháo)

作补语,表示达到目的或产生了结果、影响。中间可以插入"得/不"。如：

"着"is used after a verb as a complement, indicating the accomplishment of an action. e.g.:

(1) 外面太吵了,我睡不着。

(2) A：那张票,我找了半天也没找着。

　　　B：找不着就算了,别找了。

(四) 特别是

Especially.

(1) 他很喜欢郊游,特别是骑自行车郊游。

(2) 我们班的同学,特别是女同学,常去参加中国大学生的舞会。

74

（五）听的、说的都是汉语

这里"听的"、"说的"是"的"字结构，"听的、说的"作主语。下面各句的划线部分都是"的"字结构作主语：

"听的"，"说的"here are both "的" structures used as subject. In the following examples, the underlined part are all "的" structures used as subject：

（1）昨天来看我的是我的汉语老师。

（2）那位穿红毛衣的是我姐姐。

（3）上个月买的已经用完了，今天得再去买一点儿。

练　　习

（一）替换

1．我　| 想学太极拳。
　　　　| 很想再从头学一遍。
　　　　| 以后想做一些中韩文化交流方面的工作。

2．我希望　| 每周安排两次辅导。
　　　　　| 通过这次学习，听说能力有较大的提高。
　　　　　| 你们利用这次机会，在中国多走走，多看看。

3．能不能　| 放在星期六下午？
　　　　　| 马上把课本发给我们？
　　　　　| 拜您为师？

4．要是　| 咱俩能换一下　　| 就好了。
　　　　| 现在在家里
　　　　| 我的汉语有你这么流利

5．你最好　| 给我介绍一些中国历史方面的知识。
　　　　　| 不要这么着急。
　　　　　| 少说一点英语，多说一点汉语。

（二）选择适当的词填空

1．我________听听您的"国际金融"课，可
以吗？

2．________你能认真考虑一下我的建议。

3．你________不________说得具体一点？

4．祝你早日实现自己的________。

想　要　愿望
希望　能

（三）用括号里的词语完成句子

1．A：你想去哪儿？

　　B：我________________。（哪儿　都）

2．A：我什么时候可以去拜访您？

　　B：随便，你________________。（什么时候　都）

3．我希望将来________________。（中法文化交流　方面）

4．我希望________________（打　基础）。要是基础不扎实，
以后就不可能有较大的进步。

（四）对话(希望和要求)

1．你请你的老师给你介绍一个中国朋友，要求如下：

会说英语/日语/法语/……　女性　大学生

普通话标准　每周一、三、五晚上一起学习

2．你觉得现在学习的内容太难,想换班。把你的希望、要求和理
由告诉老师。

（五）听力

1．听对话,然后选择最合适的答案

(1) A．不努力　　　　　B．基础不好　　　　　C．不够聪明

(2) A．一夜没睡　　　　B．睡不着　　　　　　C．睡得很香

(3) A．她的汉语水平还不错

　　 B．她有一个好老师

　　 C．她觉得学习汉语很不容易

(4) A．男的是留学生

　　 B．男的教外国学生

　　 C．男的是大学生

(5) A．他把作业给忘了

　　 B．他觉得女的作业交得太晚了

　　 C．他不知道上一次的作业是什么

76

(6) A. 星期天

    B. 随便对方

    C. 星期一到星期五都可以

(7) A. 正在想一个问题

    B. 想知道外面谁在踢球

    C. 想出去跟人一起踢足球

(8) A. 他的父母亲都不在这儿

    B. 事情虽然多,但他不觉得忙

    C. 他请别人都忙照顾他的孩子

(9) A. 原来的工作太累

    B. 原来的工作钱太少

    C. 原来的工作他不喜欢

(10) A. 已经很好了

    B. 还要好好儿练

    C. 不用再学了

2. 听短文,回答问题

  (1) 说话的是个什么人? 他在跟谁说话?

  (2) 他们俩各有什么希望?

  (3) 在时间上,说话人有什么要求?

补 充 生 词

1. 周	zhōu	(名)	week
2. 金融	jīnróng	(名)	finance; banking
3. 考虑	kǎolǜ	(动)	consider; take into account
4. 建议	jiànyì	(名)	suggestion

附 听力材料

1. 对话

(1) 女:他好像进步不大。

    男:是啊。不过,他已经够努力了,主要是基础太差。

　　　　问：他怎么样？

（2）女：昨天晚上我睡不着。

　　　　男：我一躺下就睡着了。

　　　　问：男的昨天晚上睡得好吗？

（3）女：我在国内学过汉语，不过，基本上是自学。

　　　　男：你能通过自学达到现在的水平，很不容易呀！

　　　　问：关于女的，我们知道什么？

（4）女：真没想到，你还有洋学生。

　　　　男：这有什么可奇怪的。

　　　　问：从这段对话里我们知道什么？

（5）女：上一次老师布置的作业——"介绍我国的气候"，你交上
　　　　　去了？

　　　　男：上一次的作业？都发下来了。

　　　　问：男的是什么意思？

（6）女：你看，什么时候见面最合适？

　　　　男：除了周末，什么时候都行。

　　　　问：男的希望什么时候见面？

（7）女：你不专心听课，老是朝窗户外面看什么？

　　　　男：一看见别人在踢球，我心里就痒痒的。

　　　　问：男的现在怎么样？

（8）女：你现在工作这么忙，还要照顾你的两个孩子，怕是有点忙
　　　　　不过来了吧？

　　　　男：可不是，要是我父母亲在这儿就好了。

　　　　问：关于男的，我们知道什么？

（9）女：你怎么又换工作了？

　　　　男：原来那个工作太没劲儿了！

　　　　问：男的为什么换了工作？

（10）男：老师，您看我这太极拳打得差不多了吧？

　　　　女：差不多？还差得远呢！

　　　　问：老师觉得他的太极拳打得怎么样？

2．短文

听说你想跟我练习汉语口语？那再好没有了！不过，我也有一个

要求，能不能跟你练习日语口语？我是日语系毕业的，在上海的一家日本公司工作，老板要求我能说一口流利的日语。现在我的读写能力还可以，但听说水平不高。所以，我希望利用这次机会，在听说能力方面有比较大的提高。我们是不是可以一个小时说日语，一个小时说汉语，你看怎么样？我除了星期六、星期天以外，哪天晚上都有空，具体时间你决定吧。

第九课　都怪我大意

课　文

A

A：昨晚回家，一路上雨越下越大，多亏了你那把伞。要不，准淋个"落汤鸡"。

B：没淋湿就好。

A：可真对不起，今天来上班时，伞柄被我弄折了。我想拿去修一下，明天再还你。

B：别费心了。这伞已经用了好多年了。

A：可伞柄是我弄坏的。

B：这点儿小事别放在心上。

A：那实在不好意思。

B：我还得谢谢你呢！

A：这话怎么说？

B：旧的不去，新的不来嘛！我早就想买把新的了。

B

A：都怪我，没把闹钟拨好。

B：也怪我睡得太死。

A：我们赶快走吧。

B：赶快叫出租车。

A：麻烦你，我们赶火车。两只箱子要放在行李厢里。

C：行，我马上打开行李厢。请问二位赶几点的火车？

B：六点四十分的。

C：那得抓紧时间了。

A：能掉个头吗？你这样开，不是在绕圈子吗？

C：实在抱歉，这是单行道，只能由西向东行驶。

A：对不起，错怪你了。我不知道这是单行道。

C：没关系。再说，多开不了多少路，到前面路口，车一
　　拐弯，就可以上高架了。

A：上高架好，不会堵车。半小时到得了吗？

C：没意外的话，到得了。

B：那就拜托你了。

C

A：你怎么才回来呀？你迟到二十分钟了。

B：不是说五点集合吗？

A：早过五点了。

B：哎呀，是我的表慢了。真对不起，让你们久等了。

A：我们以为你迷路了呢。吴老师他们找你去了。

B：那怎么办呢？我去找他们。

A：你上哪儿去找？还是在车上等吧。

B：是我不好，给大家添麻烦了。

A：瞧，吴老师他们回来了。

B：吴老师，都怪我大意，误了时间，让你们到处去找我。

C：回来就好。我知道你不是故意的。人都到齐了吗？

A：我数过了，都到了。

C：同学们，明天我们去参观长城，路更远，请大家一定

要遵守时间。

生　　词

1.	准	zhǔn	（副）	definitely; certainly
2.	淋	lín	（动）	drench
3.	落汤鸡	luòtāngjī		like a drowned rat
4.	柄	bǐng	（名）	handle
5.	折	shé	（动）	break
6.	弄	nòng	（动）	do; manage; handle; make
7.	闹钟	nàozhōng	（名）	alarm clock
8.	怪	guài	（动）	blame
9.	拨	bō	（动）	stire; poke; turn
10.	赶	gǎn	（动）	try to catch; rush for
11.	行李厢	xínglixiāng	（名）	luggage compartment
12.	掉头	diào tóu		make a U-turn
13.	绕圈子	rào quānzi		make a detour
14.	抱歉	bàoqiàn	（形）	sorry; apologetic; regret
15.	单行道	dānxíngdào	（名）	one-way road
16.	由	yóu	（介）	from
17.	拐弯	guǎi wān		turn a corner
18.	高架	gāojià	（名）	elevated highway
19.	堵	dǔ	（动）	block up; stop up
20.	意外	yìwài	（名）	accident; mishap
21.	拜托	bàituō	（动）	request sb. to do sth.
22.	集合	jíhé	（动）	gather
23.	以为	yǐwéi	（动）	think
24.	迷路	mí lù		get lost
25.	误	wù	（动）	miss; be late
26.	大意	dàyì	（形）	careless
27.	故意	gùyì	（形）	on purpose
28.	齐	qí	（形）	all present; all ready

29．遵守　　　zūnshǒu　　　（动）　　　observe; abide by

专　　名

长城　　　Chángchéng　　　the Great Wall

注　　释

（一）"这话怎么说？"

这里的意思是,要求对方对上面那句话作出解释。

Here it indicates that he wants the other part to give some explanation for the precious sentence.

（二）"旧的不去,新的不来"

这是一句俗语。一般指:如果旧的东西还没坏、还没丢,就不会想去添新的。这里,说话人用这句话来安慰他的朋友,表示不介意。

It is a common saying, meaning "the new will not come until the old is gone". It usually indicates that one will not buy new things until the old one is broken or lost. Here it is used to express that he does not mind his umbrella being broken.

（三）"睡得太死了"

意思是"睡得非常沉,不容易醒"。

Be in a deep sleep.

（四）"二位"

"二位"是称呼,和"您俩"差不多。

"二位" is used to address the two people, meaning "您俩".

（五）"多开不了多少路。"

意思是:"只是多开一点儿路"。"……不了多少"是对"……很多"的否定,表示"只……一点儿"、"几乎差不多"。

It means "只是多开一点儿路". "……不了多少" is the negation of "……很多", indicating "only a little" or "almost the same".

（1）A：这点食品够吗？

B：够了。小孩子吃不了多少。（小孩子吃得不多）

（2）A：听说，他不太会跳舞。你呢？

B：我比他好不了多少。（我也不太会跳舞）

（六）"是我的表慢了"、"是我不好"

这里的"是"用来表示解释，说明原因。

Here "是" is used to explain the cause or reason of the result.

（1）你听说水平不高，是听得太少，说得太少了。

（2）好好的一次郊游搞成这样，都是你！

（七）"我们以为你迷路了呢。"

跟"认为"不同，"以为"常常用于与事实不一致的看法。

Different from "认为", "以为" is usually used to indicate judgments inconsistent with facts.

（1）你怎么来了？我们都以为你不会来了呢。（我们想你不会来了，可是我们错了。）

（2）你汉语说得这么好，我还以为你是中国人呢！（我想你是中国人，可是我错了。）

（八）"吴老师他们找你去了。"

"吴老师他们"指"吴老师和其他人"。又如：

"吴老师他们"means "吴老师和其他人". Another example：

小王他们都来了。

"找你去了"就是"去找你了"。"去/来……"有时可以说成"……去/来"。如：

"找你去了" is the same as "去找你了". "去/来……" sometimes can be replaced by "……去/来". For example：

（1）A：小林呢？

B：他上课去了。（他去上课了。）

（2）你看，王先生他们看你来了。（王先生他们来看你了。）

词 语 例 解

（一）明天再还你。

这里"再"表示"推迟"，前面常有表示时间的词语。

Here "再" indicates "not（do something）until ...".

（1）A：咱们马上就出发吧。

B：急什么，等吃了晚饭再走吧。

（2）老师：明天给你们考试。

学生：我们还没准备好，后天再考，可以吗？

（二）实在

作形容词，表示真实可靠。

The adjective "实在" means "true, real, dependable".

（1）他说话、办事都很实在。

作副词，有"的确"、"确实"的意思，表示极高的程度。

The adverb "实在" means "really, indeed, honestly", indicating a high degree.

（2）他一遍又一遍地对我说："对不起，实在对不起。"

（3）他实在太累了，一躺下就睡着了。

（三）赶

加快行动，使不误时间。

Rush for, hurry through.

（1）请开得快一点，我要去赶十点钟的火车。

（2）等我赶到学校，他们已经快要下课了。

（3）那篇关于中国经济的文章，月底以前一定要赶出来。

（四）还是在车上等吧

这里的"还是"是副词，表示经过比较，作出选择。如下面(1)B、(2)B 里的"还是"。

Here "还是" is an adverb, indicating that after weighing the pros and cons, a comparatively satisfactory choice is made. See "还是" in sentences (1)B, (2)B below:

（1）A：这两双皮鞋怎么样？你要这一双还是那一双？

B：这一双太贵，我还是买那一双吧，那双比较便宜。

（2）A：你去还是我去？

B：你太忙，抽不出时间，我看还是我去吧。

在上面的对话里，(1)A、(2)A 句里的"还是"是连词，用于选择疑问句，(1)B、(2)B 里的"还是"是副词。

In sentences (1)A, (2)A above, "还是" is a conjunction, used in an alternative question, meaning "or", while in (1)B, (2)B, "还是" is an adverb.

练　习

(一) 替换

1.｜实在对不起，｜我迟到了。
　　非常抱歉，
　　真不好意思，
　　请原谅，

2. 这件事｜是我不好。
　　　　　都怪我。
　　　　　都怪我大意。

3. 对不起，｜让你们久等了。
　　　　　让你敲了半天门。
　　　　　给大家添麻烦了。

4. 没什么，｜你别放在心上。
　　　　　我知道你不是故意的。
　　　　　下次注意就是了。

5. 这么说，｜错怪你了。
　　　　　这事不能怪你。
　　　　　是我自己弄错了。

(二) 填入合适的词语，完成句子

1. 都怪我＿＿＿＿＿＿＿＿＿＿，没听清楚老师说的话。
2. 都怪我＿＿＿＿＿＿＿＿＿＿，让你们等了半天。
3. 都怪我＿＿＿＿＿＿＿＿＿＿，给大家添了这么多麻烦。
4. 都怪我＿＿＿＿＿＿＿＿＿＿，结果，等我赶到那儿，浑身上下都

86

淋湿了。

（三）用括号里的词语完成对话

　　1．A：你怎么才来？

　　　　B：真对不起，＿＿＿＿＿＿＿＿＿＿＿＿。（让　久）

　　2．A：你怎么又迟到了？起得太晚了吧？

　　　　B：哪儿呀，＿＿＿＿＿＿＿＿＿＿＿＿。（车　堵）

　　3．A：实在对不起，把你的衣服＿＿＿＿＿＿＿＿＿＿＿。（弄）

　　　　B：没关系，洗一下就干净了。

（四）对话（道歉和原谅）

　　1．因为堵车，约会迟到。

　　2．昨天没来上课。

　　3．把你朋友的自行车给骑坏了，打算去修。

（五）听力

　　1．听对话，然后选择最合适的答案

　　（1）A．正打算出去

　　　　　B．被雨淋湿了

　　　　　C．刚听完天气预报

　　（2）A．出租车上　　　　　B．火车上　　　　　C．公共汽车上

　　（3）A．向右拐　　　　　　B．向左拐　　　　　C．一直向前走

　　（4）A．小张来了，可是来得很晚

　　　　　B．小张不会来了

　　　　　C．他们决定不等小张了

　　（5）A．等司机　　　　　　B．拿行李　　　　　C．数人数

　　（6）A．男的误了时间

　　　　　B．男的闹钟坏了

　　　　　C．男的想要借闹钟

　　（7）A．他认为对方是故意的

　　　　　B．对方没向他道歉

　　　　　C．对方说了一声"对不起"就走了

　　（8）A．正在由东往西开

　　　　　B．不遵守交通规则

　　　　　C．发生了意外

(9) A. 表示安慰　　　　B. 表示不满　　　C. 表示责怪
(10) A. 红的颜色好看　　B. 红的价钱便宜　C. 红的质量好

2. 听短文,回答问题

(1) 今天王林迟到了多少时间? 他为什么会迟到?

(2) 大家怪他了吗? 为什么?

(3) 王林平时遵守不遵守时间?

(4) 王林迟到以后觉得怎么样?

补 充 生 词

1. 浑身	húnshēn	(副)	from head to foot;all over
2. 湿	shī	(形)	wet
3. 道歉	dào qiàn		apologize
4. 原谅	yuánliàng	(动)	forgive

附　听力材料

1. 对话

(1) 女：看你,都快成"落汤鸡"了。

　　男：咳,这倒霉的天气!

　　问：男的怎么样?

(2) 女：师傅,能不能快一点,我们要赶十一点的火车。

　　男：上了高架就快了。

　　问：这段对话发生在哪儿?

(3) 女：一直往前开就到了。

　　男：没见前面正在施工吗? 得从右边那条小马路绕过去。

　　问：他们应该怎么走?

(4) 女：都这时候了,我还以为小张不会来了呢。

　　男：我也是。

　　问：从这段对话我们知道什么?

(5) 女：人都齐了吗?

　　男：我看看……还差一个。

问：他们在干什么?

（6）女：你房间里没有闹钟吗?

男：有是有,可不知道怎么回事,闹钟没响——也可能是我睡得太死,没听见。

问：从这段对话我们可以知道什么?

（7）女：算了算了,他不是故意的。

男：不是故意的就没事啦,总得说声"对不起"吧?

问：男的为什么生气?

（8）女：这是单行道,只能由东往西开。

男：没关系,晚上没警察。

问：他们的汽车怎么样?

（9）女：挺好的一把伞,被我弄丢了,真可惜!

男：旧的不去,新的不来嘛。

问：男的是什么意思?

（10）男：这两件 T 恤,你看选哪件好?

女：你还是买这件红的吧,那件黄的便宜不了多少,可质量差远了。

问：女的为什么劝男的买红 T 恤?

2. 短文

今天全体同学一起去浦东参观,说好下午一点钟在门口集合。王林平时总是很准时的,可这一次迟到了。他一直到一点二十分才来。原来是他的手表慢了半个小时。不过,老师和同学们都没怪他。但他自己觉得很不好意思,一遍又一遍地向大家道歉。

第十课　满意不满意

课　文

A

A：理发吗？请坐。

B：师傅，稍微理一下，再洗一下头，吹一下风。

A：好的。还是照原样理吗？

B：对，上面长一点儿，两边修掉一点儿。

A：行。(理完发)现在请您看一下镜子，长短可以吗？

B：正好。

A：请过来洗头。(洗完发)请回到座位上。吹风时用油吗？

B：不，干吹就行。我不要朝左分了，改成中分。

A：现在，年轻人中流行中分头。

B：我头发硬，不怎么好吹吧？

A：还可以。(吹完风)你对着镜子看看，满意不满意？

B：很满意。师傅的手艺真不错。

A：不客气。欢迎您下次再来。

B：一定。

A：请走好。

B：再见。

B

A：小张师傅，休息啦？

B：对。来坐一会儿吧。

A：你们每天很早就来上班，辛苦了！

B：哪里，哪里。能让大家吃得满意，我们就高兴。说真的，多给我们提些意见。听说不少同学对早饭不怎么满意。

A：我们觉得品种太少，每天都一个样。

B：有的同学说晚饭也不怎么样。

A：主要也是品种太少了。

B：我们一定想办法多增加一些品种。其他还有什么意见？

A：午饭还可以。品种也多，饭菜也比较热。

B：有什么不满意的地方吗？

A：最好开饭后再烧几锅菜，让后来的同学也能吃到刚出锅的热菜。

B：这意见很好。菜的口味怎么样？

A：虽然各人有各人的口味，但我们还是觉得，如果少放些油和盐就好了。

B：是的，不少同学都说不够清淡。我们一定改进。

C

A：打球去。

B：今天我不去了。

A：闲着没事，为什么不去呢？你不去，我也打不成了。太扫兴了。

B：我真的有事，我要等人来修洗衣机。

A：你那台洗衣机才买来，怎么就要修了呢？

B：什么就要修了，已经修过一次了。

A：太糟了。什么牌子？

B：别提了，说起来就生气。

A：你不能把货给退了？

B：不行，已过了一个月了，只能修理。

A：还好，保修期内实行上门免费修理。

B：什么还好，我买洗衣机，是想让它帮我忙的，可现在，三天两头出毛病，我在为它忙呢。太让我失望了。

A：是啊，产品的质量最重要。有的产品广告上说得很好，可是买回来一用，让人大失所望。

B：对虚假广告，媒体应该及时披露。

生　　词

1.	稍微	shāowēi	（副）	slightly; a little
2.	吹风	chuī fēng		dry (hair) with a blower
3.	照	zhào	（介）	according to
4.	原样	yuányàng	（名）	former style
5.	修	xiū	（动）	trim; prune; manicure
6.	镜子	jìngzi	（名）	mirror; looking glass
7.	干吹	gān chuī		blow-dry without oil
8.	流行	liúxíng	（动）	like and admire; popular with sb.
9.	品种	pǐnzhǒng	（名）	variety; assortment
10.	增加	zēngjiā	（动）	add; increase
11.	锅	guō	（名）	pot; pan; boiler
12.	油	yóu	（名）	oil
13.	盐	yán	（名）	salt
14.	清淡	qīngdàn	（形）	light
15.	改进	gǎijìn	（动）	improve; make better

16.	闲	xián	（形）	stay idle
17.	扫兴	sǎo xìng		have one's spirits dampened; feel disappointed
18.	洗衣机	xǐyījī	（名）	washing machine
19.	牌子	páizi	（名）	brand
20.	生气	shēng qì		get angry
21.	货	huò	（名）	goods
22.	保	bǎo	（动）	guarantee; ensure
23.	实行	shíxíng	（动）	carry out
24.	上门	shàng mén		come to one's home
25.	免费	miǎn fèi		free of charge
26.	失望	shīwàng	（形）	disappointed
27.	质量	zhìliàng	（名）	quality
28.	大失所望	dà shī suǒ wàng		greatly disappointed
29.	虚假	xūjiǎ	（形）	false; sham
30.	媒体	méitǐ	（名）	media
31.	及时	jíshí	（形）	in time
32.	披露	pīlù	（动）	make public; disclose

注　释

(一)"长短可以吗?"

意思是：长短合适不合适?

(二)"小张师傅,休息啦?"

"休息啦"在这里表示打招呼。汉语中打招呼的一种比较随便的方式是：对方正在干什么,你就说什么,——好像是废话,而实际上是表示打招呼。

Here "休息啦" is used as a form of greetings. In Chinese, a casual way to say hello to somebody is to say something to him according to what he is doing now—which seems to be a superfluous remark and the real function is to greet somebody.

(1) A：(看见对方正要出去)出去?

　　　　B：对，出去办点事儿。
　　（2）A：（看见对方来了）来了？
　　　　B：来了。
　　（3）A：（中午，看见学生们从教室里出来）下课啦？
　　　　B：（点点头）哎，下课了。
（三）"辛苦了"
　　客气话，表示感谢或关心、慰问。

It is a form of polite formulas, expressing gratitude or sympathy or solicitude.

（四）"品种也多，饭菜也比较热。"
　　意思是：品种和饭菜都不错。"A 也……，B 也……"表示"A 和 B 都……"
（五）"什么就要修了"、"什么还好"
　　引述别人的话，在前面加"什么"，表示不同意对方的说法。

"什么" is put before what has just been said by somebody to indicate disagreement.

　　　　A：你是新来的吧？
　　　　B：什么"新来的"，我已经来了两年啦！
（六）"别提了"
　　表示十分糟糕，以致说话人不想提起。

It means somebody or something is so bad that the speaker does not want to mention him or it.

（七）"还好，保修期内实行上门免费修理。"
　　"还好"在这里表示庆幸。

Here "还好" indicates that with the given unfavorable condition, one is anyhow fortunate in some aspect.

　　　　A：我的钱包叫人偷走了。
　　　　B：里面有不少钱吧？
　　　　A：可不是。不过还好，我的护照没放在钱包里，要不就麻烦了。
（八）"三天两头出毛病"
　　"三天两头"指隔一天或几乎每天，表示"常常"。

"三天两头"means every other day or almost every day, that is, every so often.

词 语 例 释

(一) 稍微

修饰动词、形容词、方位词,后面常用"一点儿"、"一些"、"一下"、"一会儿"等,或动词采用重叠形式。

It modifies a verb or an adjective or a localizer. The verb, adjective or localizer is usually followed by "一点儿", "一些", "一下", "一会儿", etc., or the verb is reduplicated.

(1) 你们稍微等一等,我马上就来。

(2) 这件 T 恤稍微小了一点儿,有没有再大一点的?

(二) 不怎么好吹

"好"在这里的意思是"容易"(用在动词前)。又如:

"好" here means "easily", modifying a verb. e.g.:

(1) 这个字不太好写。

(2) 这件事比较难办,那件事比较好办。

(三) 对

1. 作动词,表示"朝着":

As a verb, it means "to face":

(1) 窗户对着马路。

(2) 他对着镜子看了又看。

2. 作介词,"对……"表示动作的对象。

As a preposition, it introduces the target of an action.

(3) 他对你说了些什么?

(4) 他对我笑了笑。

3. 作介词,"对……"表示动作的接受者。

It introduces the recipient of the action.

(5) 对虚假广告,媒体应该及时披露。

(6) 对孩子要严格要求。

4. 作介词,"对……"表示与动作、性质、状态有关的人或事物。

It introduces somebody or something that is related to the action, quality or state.

  （7）他对早饭不怎么满意。

  （8）我对他有点儿意见。

  （9）他对我很客气。

  （10）打太极拳对健康很有好处。

（四）打不成

"成"表示成功,作补语:"V 成"、"V 得成"、"V 不成"。

"成" here is used as a complement indicating success in doing something.

  （1）电影票没买到,电影没看成。

  （2）说是明天到杭州去旅行,可是我这几天实在抽不出时间,看来去不成了。

（五）帮我忙

"帮忙"好像只是一个词,但实际上是可以分开的:"帮"是动词,"忙"是宾语。

It seems that "帮忙" is only one word, but in fact "帮忙" can be divided into two parts:"帮" as a verb and "忙" as the object. So we should say:

  帮我(的)忙/帮一个忙/帮我一个忙/给我帮忙。

这样的词还有不少。如:

There are quite a few words of such a kind. For example:

  见面　唱歌　跳舞　睡觉　散步　跑步　上课　洗澡　生气　开玩笑

如:

  （1）我跟他见过一次面。

  （2）我真想美美地睡一觉。

  （3）咱们出去散散步吧。

  （4）我们每天上四个小时的课。

  （5）别生我的气呀。

不能说:帮忙我 / 见面我 / 出去散步散步,等等。

练　　习

(一) 替换

1.

| 长短正好，大小也很合适， |
| 质量不错，价钱也还可以， |
| 活动很丰富，内容也很有趣， |

我很满意。

2.

| 这儿的服务十分周到， |
| 饭菜非常可口， |
| 买的洗衣机很不错， |

我没有什么意见。

3. 我对

| 他们的服务态度 |
| 他的回答 |
| 那儿的住宿条件 |

不太满意。

4. 如果

| 少放些盐和油， |
| 品种再稍微多一点， |
| 你昨天听了我的意见的话， |

就

| 好了。 |
| 会更受欢迎。 |
| 不会发生今天这样的事了。 |

5. 质量这么差，真让人

| 扫兴！ |
| 失望！ |
| 生气！ |

(二) 选择适当的词语填空

| 稍微　　主要 |
| 不够　　比较 |

1. 这个菜好像________辣了一点。
2. 客人的意见不少，________有下面几个方面。
3. 你们公司的货质量________好，常常有顾客来
   我们商店退货。
4. 他们喜欢吃________清淡的菜，不爱吃太油、太咸的。

(三) 用括号里的词语完成句子

1. ＿＿＿＿＿＿＿＿＿＿＿＿＿(各……各…… 有),很难让每个人都
   满意。

2. 没想到我的学生考得这么糟糕,真＿＿＿＿＿＿＿＿＿＿＿＿。
   (失望)

3. 感谢大家＿＿＿＿＿＿＿＿＿＿＿(提 意见),我们以后一定努
   力改进我们的工作。

4. 昨天我去一家公司接受了面试,他们＿＿＿＿＿＿＿＿＿＿＿。
   (基本 满意)

(四) 请你说一说,你在上海最满意的和最不满意的事是什么

(五) 听力

1. 听对话,然后选择最合适的答案

(1) A. 在市场　　　　B. 在理发店　　　C. 在火车站

(2) A. 在洗衣机里洗

　　B. 在干洗店里洗

　　C. 自己用手洗

(3) A. 男的病了　　　B. 男的丢了东西　　C. 男的某个东西坏了

(4) A. 很不顺利　　　B. 不太顺利　　　C. 非常顺利

(5) A. 不能再便宜了

　　B. 可以再便宜一点儿

　　C. 名牌产品很便宜

(6) A. 很多人不喜欢　B. 穿的人很多　　C. 不怎么流行

(7) A. 女的没接受对方邀请

　　B. 女的每天晚上都有事

　　C. 女的今天晚上没事

(8) A. 两次　　　　　B. 三次　　　　　C. 很多次

(9) A. 有一些广告是真实的

　　B. 广告里的产品看上去都很漂亮

　　C. 所有的广告都是虚假的

(10) A. 不错　　　　　B. 顾客不多　　　C. 晚上生意不好

2. 听短文,填空

(1) 顾客觉得电视机的质量太差,所以＿＿＿＿＿很大,要求＿＿＿＿＿
　　＿＿。

98

（2）我们马上派人________了解情况。

（3）我们发现是顾客的使用方法不对，不是________问题。

补 充 生 词

1. 价钱　　jiàqian　　　（名）　price
2. 可口　　kěkǒu　　　（形）　tasty
3. 住宿　　zhùsù　　　（名）　accommodation
4. 受　　　shòu　　　　（动）　receive
5. 辣　　　là　　　　　（形）　hot；peppery；pungent
6. 顾客　　gùkè　　　　（名）　customer
7. 咸　　　xián　　　　（形）　salty

附　听力材料

1. 对话

（1）男：稍微理一下，洗一下头，再吹一下风。

　　女：好的。

　　问：他们在哪儿？

（2）男：这件衣服可以放在洗衣机里洗吗？

　　女：这件衣服只能干洗或手洗，不能在洗衣机里洗。

　　问：他这件衣服不能怎样洗？

（3）女：怎么，又出毛病了？

　　男：是啊，上回没修好。

　　问：从这段对话里，我们知道什么？

（4）女：听说你前几天出去旅行了，路上还顺利吧？

　　男：别提了，一提就生气 。

　　问：男的这次旅行顺利吗？

（5）男：能不能稍微便宜一点儿？

　　女：已经够便宜的了，这可是名牌儿！

　　问：女的是什么意思？

（6）男：这件衣服的式样我不喜欢。

女：这你就不懂了，这种式样是今年最流行的。

问：这种式样的衣服怎么样？

(7) 女：对不起，我今天晚上还有点事。

男：怎么又有事，真扫兴！

问：从这段对话我们知道什么？

(8) 女：到这儿以后，我三天两头感冒。

男：是不是对这儿的气候不太适应？

问：女的到这儿以后感冒了几次了？

(9) 女：广告上当然说得很漂亮，那能相信吗！

男：也不能这么说，不是哪个广告都吹牛的。

问：男的是什么意思？

(10) 女：老板，生意不错吧？

男：你瞧，正闲着哪。现在这个季节，正是生意最清淡的时候。

问：这家店最近生意怎么样？

2. 短文

我们公司对产品的质量一直十分重视。有一次，一位顾客买了我们公司生产的电视机，刚用了两天就坏了。顾客意见很大，认为我们的产品质量太差，要求退货。我们马上派人上门了解情况，结果发现不是质量问题，是顾客的使用方法不对。经过解释说明，那位顾客很满意，不再要求退货了。

第十一课　妈妈您放心

课　文

A

A：你怎么今天才来电话？妈妈等了好几天了。你一切都好吗？

B：我很好。上周末，我和同学去杭州玩了。

A：什么，你去杭州了？

B：杭州离上海很近，坐火车才三个小时。

A：这我知道。你们几个同学一起去的？

B：一共四个同学。妈妈您放心，我都十八了，我会照顾好自己的。

A：不过，以后离开上海，还是事先打电话告诉我，不然，我会担心的。这几天，上海天气怎么样？蚊子多不多？

B：还是比较闷热，蚊子也不少。

A：记住，空调不要开得太冷。晚上睡觉，还是关了吧。我给你买一个驱蚊器好吗？

B：不用了，我早就买好了。

A：你看，还需要妈妈寄些什么吗？

B：在上海还怕买不到东西？妈妈，您尽管放心吧。

B

A：《上海文化报》来了？

B：对。你瞧，上海民族乐团要在大剧院演出中国民族音乐节目。

A：太好了。我们来上海都快半年了，还没听过中国民乐呢。

B：真是机会难得！上海民族乐团的艺术水平很高，我们一定要去好好欣赏欣赏。

A：对，我们一起去。什么时候开始演出？

B：这个星期六，一共演出五场。

A：我们最好去看首场演出。

B：首场演出看的人一定很多，我担心票子不好买。

A：这你不用担心，票子包在我身上。

B：你有什么门路？

A：这你就别问了。到时候请你去看就是了。

B：事先给我打个电话。

A：行。我什么时候搞到票，就什么时候给你打电话。星期六，我去你家，再和你一起去。

B：我新搬的地方你还没去过，恐怕不好找。

A：你就一百个放心吧。路在嘴边，还怕找不到吗？顺便去看看你的新居。

B：那非常欢迎。

C

A：这是虾仁。在上海话里，"虾仁"和"欢迎"的发音差不多。

B：是吗？这盘虾仁看上去很漂亮，白是白，绿是绿。那绿的豆叫什么?

A：叫青豆。来，吃吧，别客气!

B：谢谢! 味道很好，吃起来又嫩又鲜。

A：那就再来一点儿，用勺子舀吧。

B：不，不，够了。

A：是不是有点儿咸? 那你自己来吧，喜欢什么就吃什么。

B：我不会客气的。这皮蛋豆腐做得很有特色，又好看又好吃。

A：你多吃一点儿。

B：我吃了不少了，够了。

A：怎么，这么一点儿就够了? 是不是不合你的口味?

B：不，不。味道挺好的。

A：你怎么光说不吃呢? 这松子黄鱼可是一道名菜。来，我再给你夹一点儿。

B：不，不，我已经吃饱了。

A：你是担心多吃了会发胖?

B：哪里，我确实是吃饱了。

生　　词

1. 事先	shìxiān	（名）	in advance; beforehand
2. 不然	bùrán	（连）	otherwise
3. 担心	dān xīn		worry
4. 蚊子	wénzi	（名）	mosquito
5. 驱蚊器	qūwénqì	（名）	mosquito repellant
6. 乐团	yuètuán	（名）	orchestra
7. 民乐	mín yuè	（名）	music, esp. folk music, for traditional instruments
8. 欣赏	xīnshǎng	（动）	appreciate; enjoy

9. 首场	shǒu chǎng		first (performance) premiere
10. 包	bāo	（动）	undertake the whole thing
11. 门路	ménlu	（名）	social connections
12. 恐怕	kǒngpà	（副）	perhaps; I'm afraid
13. 新居	xīn jū	（名）	new home
14. 虾仁	xiārén	（名）	shelled shrimps
15. 盘	pán	（名）	plate
16. 豆(子)	dòu(zi)	（名）	bean; peas
17. 青豆	qīngdòu	（名）	green peas
18. 嫩	nèn	（形）	tender
19. 勺子	sháozi	（名）	ladle; spoon
20. 舀	yǎo	（动）	spoon up; ladle out
21. 皮蛋豆腐	pídàn dòufu		cold bean curd topped with lime egg, etc.
22. 松子黄鱼	sōngzǐ huángyú		fried yellow fish with pine kernels and sauce
23. 夹	jiā	（动）	pick up with chopsticks; grip
24. 发胖	fāpàng	（动）	put on weight
25. 确实	quèshí	（副）	really; indeed

<h2 style="text-align:center">专　　名</h2>

《上海文化报》　　Shànghǎi Wénhuà Bào　　*Shanghai Culture*

<h2 style="text-align:center">注　　释</h2>

(一) "什么,你去杭州了?"

"什么"表示听了对方的话以后感到很惊讶。

"什么" here means one feels surprised at what he has heard.

(二) "还没听过中国民乐呢"

"呢"用在陈述句末,加强语气,前面常常有"还"、"才"、"可"等。

"呢" can be used at the end of a declarative sentence for emphasis. It is often used in conjunction with "还", "才", "可" and so on.

（三）"路在嘴边"

意思是：只要愿意向别人问路，就不会走错。

It means that one will never lose his way if he is always ready to ask others.

（四）"在上海话里，'虾仁'和'欢迎'发音差不多。"

除了全国通用的普通话以外，各个地方还有自己的方言，如北方话、江浙话、湖南话、江西话、福建话、广东话、客家话。不同方言之间在语音、词汇、语法上都有差异，特别是在语音上，差异很大。

With 普通话 as the national language, the Chinese language has its dialects, including 北方话, 江浙话, 湖南话, 江西话, 福建话, 广东话, 客家话. Different dialects differ from each other in phonetics, vocabulary and grammar, especially in phonetics.

中国人有利用谐音一语双关的传统习惯。这里，主人通过请客人吃"虾仁"来表示对客人的"欢迎"。

To pun on a word is a common skill in the Chinese tradition. The host in the text expressed his welcome to the guest by offering the dish of "虾仁", which sounds almost the same as "欢迎" in the Shanghai dialect.

（五）"白是白，绿是绿。"

这里指白色和绿色对比鲜明。

The sentence here indicates the sharp contrast of the colors of white and green of the dish.

（六）"那你自己来吧。"

请客吃饭时的客气话。按照中国的传统习惯，主人会不时地给客人斟酒、布菜，劝客人多吃点，这是客气的表示。

One of the polite formulas at dinner, meaning "help yourself". According to the Chinese traditional custom, the host or hostess would add drink and dishes to the guest's cup and plate frequently and urge him to eat more. That's the "客气" shown at dinner.

"来"可以用来代替具体的动作。这里的意思是"取（菜）"。又如：

"来" can be a substitution for a special action and in the above sentence it means "to take (the dishes)". Other examples：

　　（1）你拿那个，这个我自己来。（我自己拿）

　　（2）唱得太好了，再来一个。（再唱一个）

（七）"这松子黄鱼可是一道名菜。"

　　"可"在这里是"确实"、"真的"的意思，轻读。

　　"可" here means "surely", "certainly" and should be pronounced in the neutral tone.

词 语 例 解

（一）在上海还怕买不到东西？

　　这是反问句。"还"用在反问句里，加强反问语气。

　　It is a rhetorical question. "还" is used in a rhetorical question to make it sound more convincing.

　　（1）只要有地址，还怕找不到吗？

　　（2）你这么聪明的人，那么简单的问题还弄不懂吗？

（二）我什么时候搞到票，就什么时候给你打电话。

　　疑问代词的一个特殊用法是，同一个疑问代词在复句中重复使用，指某个不确定的人或事物，前后呼应，两个小句之间常用"就"连接。

　　An interrogative pronoun can be repeated in two clauses, denoting somebody or something indefinite, the second functioning in concert with the first. The two clauses are often joined with "就".

　　（1）谁想去就谁去。

　　（2）你喜欢什么就吃什么。

　　（3）你什么时候有空就什么时候来。

　　（4）孩子要怎么样就怎么样。

（三）搞

　　"搞"可以代替不同的动词，它的意义是模糊的，随上下文而变化。

　　"搞" is a substitution of different verbs. The meaning of "搞" is vague and changes with the context.

　　（1）问题已经搞清楚了。

　　（2）他是搞经济工作的。

　　（3）要跟同学搞好关系。

"搞"后面是数量词和名词时,是"想办法得到"的意思。

When "搞" is followed by "Number + Measure Word + Noun", it means "to try to get".

  (4) 能不能帮我搞一张今天晚上的电影票?

  (5) 你饿了吧? 我去给你搞点东西吃。

(四) 吃起来又滑又嫩。

这里"起来"表示在某个方面。

Here "起来" indicates to view something at a certain angle.

  (1) 这种水果看起来不怎么样,可是吃起来很甜。

  (2) 这事说起来容易做起来难。

(五) 又滑又嫩

"又……又……"中间用动词或形容词,表示几种动作、性质或状态同时存在。

With verbs or adjectives inbetween, it indicates that two or more actions, states, or qualities coexist.

  (1) 孩子们又唱又跳,高兴极了。

  (2) 他长得又高又大。

  (3) 看到这种情况,他真是又激动又不好意思。

练　　习

(一) 替换

1. | 你没有他家的地址,
这个菜盐放多了,
都这么晚了, | 恐怕 | 不好找吧?
太咸了吧?
不会来了吧? |
|---|---|---|

2. 怎么, | 这么一点就够了,
还没回来,
堵车了, | 是不是 | 不合你的口味?
迷路了?
前面出了交通事故? |

3. | 事先打个电话告诉我,
事先写封信告诉我, | 不然我会担心的。

4. 你不用担心，

> 票子包在我身上。
> 到时一定给你搞到票就是了。
> 不会有什么意外的。

5. 我会照顾好自己的，

> 你放心。
> 你尽管放心。
> 你就一百个放心吧。

（二）选择合适的词填空

1. 让你开车我实在不放心，还是我________吧。　　| 弄　搞　来 |

2. 他是不是把你衣服________脏了？

3. 一定要把这个工作________好。

（三）用括号里的词语完成对话

1. A：半个小时能赶到机场吗？

   B：没问题，__________________。（包　我）

2. A：要不要找个人问一下路？

   B：问什么，我在这儿住了两年了，__________________？
   （还会……吗）

3. A：我什么时候去看你？

   B：随便。你__________________。（什么时候……什么时
   候）

4. 到那儿以后马上给我来个电话，__________________。（不
   然　担心）

（四）说一说现在你最担心的是什么，为什么担心

（五）听力

1. 听对话，然后选择最合适的答案

(1) A. 在饭店　　　　B. 在理发店　　　　C. 在工厂

(2) A. 他不会说汉语

   B. 他忘了问

   C. 他听不懂上海话

(3) A. 哪儿也不去　　B. 还没决定去哪儿　C. 也去杭州

(4) A. 一直没说话

    B. 听不懂别人在说什么

    C. 担心说错

(5) A. 没买过,不知道有没有用

    B. 用过,但觉得并不好

    C. 虽然有,可是没用过

(6) A. 他一定会按时完成任务

    B. 他不会把报告交给别人的

    C. 他一定能写完他的第一百篇报告

(7) A. 不用打电话

    B. 什么时候去都行

    C. 如果有事,就别去了

(8) A. 觉得他妈妈不用急着打电话给他

    B. 觉得他妈妈不应该把他看成孩子

    C. 对他妈妈有点不放心

(9) A. 这菜太难做   B. 这菜太难吃   C. 这菜太难看

(10) A. 两人一起查地图

    B. 男的就去问路

    C. 女的就去问路

2. 听短文,判断正误

(1) 昨天晚上,音乐会上演奏的都是现代流行音乐。

(2) 我对音乐会上演奏用的乐器非常熟悉。

(3) 在我学习的大学里有一个民族乐团。

(4) 通过这次音乐会,我对中国的民族音乐产生了兴趣。

补 充 词 语

事故   shìgù   （名）   accident

附 听力材料

1. 对话

（1）女：太滑了，用筷子夹不住。

　　男：那就用勺子吧。

　　问：他们可能在哪儿？

（2）女：你没问他开车时间吗？

　　男：怎么没问，可是他说的是上海话，我一点儿也没听懂。

　　问：男的为什么不知道开车时间？

（3）女：我下个周末去杭州，你呢？

　　男：你去哪儿我也去哪儿。

　　问：男的是什么意思？

（4）女：你别光听不说呀。

　　男：你们都说得那么有意思，我说什么呢？

　　问：男的刚才怎么样？

（5）女：蚊子这么多，你怎么不买个驱蚊器？

　　男：早就买了，好像不怎么有用。

　　问：男的是什么意思？

（6）女：你的报告月底以前能搞好吗？

　　男：你一百个放心，到时一定交给你就是了。

　　问：男的让对方放心什么？

（7）女：我什么时候跟你见面？

　　男：你什么时候有空就什么时候来，事先给我打个电话就
　　　　行了。

　　问：男的告诉对方什么？

（8）女：你怎么才来电话，把我急坏了。

　　男：妈，急什么，都这么大的人了，还怕走丢了吗？

　　问：男的是什么意思？

（9）女：我在自己家里是从来不做这个菜的。

　　男：怎么，这菜不合你的口味吗？

　　女：不，吃起来味道很好，就是做起来太麻烦了。

　　问：女的在家里为什么不愿意做这个菜？

（10）女：带上地图了吗？

　　　男：带什么地图啊，路在嘴边。

　　　女：那就看你的了。

男：包在我身上。

问：如果他们找不着要去的地方，怎么办？

2. 短文

昨天晚上我去听了一个音乐会。音乐会上演奏的都是中国的民族音乐。那些乐器都是我从来没见过的。笛子、二胡、古筝什么的，都是中国古代就有的传统乐器。没想到，中国的民族音乐那么优美。在中国，喜欢民族音乐的人还是不少的。听说在我们大学里就有一个大学生民族乐团，水平还挺高的。我对音乐很有兴趣，有机会一定要拜个老师，学一点中国的民族音乐。

第十二课　我们都惊呆了

课　　文

A

A：民间艺术展览会怎么样？

B：怎么？你没去看？展览会精彩极了。我们还买了不少工艺品。

A：能让我看看吗？

B：行。这是给我妈妈刻的石章。

A：漂亮极了，你妈妈一定会喜欢的。

B：她还会吃一惊的，因为我给她取了一个非常好听的中国名字。

A：对，我想她一定会感到惊喜的。你这些小面人是给谁的？

B：给我弟弟的。看上去很有趣吧？

A：很有趣。你给自己买了什么呢？

B：你瞧这张剪纸。

A：这人像不就是你自己吗？

B：说对了。这是一位艺人给我剪的。

A：他的手艺真不错。鼻子、眼睛、嘴巴都像极了。

B：他才用了不到一分钟，你想不到吧？

B

A：人们常说"文化震惊"。你刚来中国时，有没有这种感受？

B：倒是有点儿，不过，说不上"震惊"，只是有点儿吃惊。

A：你能给我具体说说吗？

B：拿饮食来说，中国人很讲究吃。

A：是的，中国人很注意菜的色、香、味、形。

B：使我吃惊的有好几点。

A：是吗？请说说看。

B：第一，他们喜欢吃的东西很多，连蛇也吃。

A：我就吃过蛇肉，味道鲜美极了。

B：真的？我可不敢吃。他们做菜的方法也很多，什么煎、炒、炸、煮、烤，还有一些我说不上来的。

A：还有红烧、清蒸什么的。

B：最使我惊奇的是，他们请客人吃饭总是做很多菜。

A：我也有这种经历。有一次，中国朋友请我们几个吃饭，说是便饭，可摆了满满一桌。我们好不容易把菜都吃完了，你猜怎么着？竟然又端出一只全鸡来。

B：把你们都惊得目瞪口呆吧？

C

A：以前听人说，中国是自行车的王国。来到中国以后，才真正感受到了。刚来的几天，我真的不知道怎么过马路。上下班高峰时间，自行车像潮水一样涌过来涌过去。更让我惊讶的是街上竟然有那么多人。

B：我刚来的时候，比你还惊讶呢！

A：国庆节的晚上，你去过外滩和南京路吗？

B：去过，彩灯使上海成了一个不夜城。

A：还有观赏彩灯的人群，把大街挤得满满的。

B：那真是人山人海。

A：我没见过这么热闹的场面，快惊呆了。

B：时间一长，你就不会吃惊了。

生　　词

1.	民间	mínjiān	（名）	folk, among the people
2.	展览会	zhǎnlǎnhuì	（名）	exhibition; show
3.	工艺品	gōngyìpǐn	（名）	arts and crafts
4.	刻	kè	（动）	engrave; carve
5.	石章	shízhāng	（名）	stone chop
6.	吃惊	chī jīng		be surprised; be startled
7.	惊喜	jīngxǐ	（形）	pleasantly surprised
8.	面人	miànrén	（名）	dough figurine
9.	剪纸	jiǎnzhǐ	（名）	scissor-cut; paper-cut
10.	艺人	yìrén	（名）	handicraftsman; artisan
11.	震惊	zhènjīng	（名）	shock
12.	讲究	jiǎngjiu	（动）	be particular about; stress
13.	蛇	shé	（名）	snake
14.	鲜美	xiānměi	（形）	delicious; tasty
15.	煎	jiān	（动）	fry in shallow oil
16.	炸	zhá	（动）	deep fry
17.	煮	zhǔ	（动）	boil
18.	烤	kǎo	（动）	bake
19.	红烧	hóngshāo	（动）	stew with soy sauce
20.	清蒸	qīngzhēng	（动）	steam
21.	经历	jīnglì	（名）	experience
22.	猜	cāi	（动）	guess
23.	端	duān	（动）	hold sth. level with both

			hands; carry
24. 竟然	jìngrán	（副）	unexpectedly; actually
25. 目瞪口呆	mù dèng kǒu dāi		one's eyes popped and mouth opened with surprise
26. 王国	wángguó	（名）	kingdom
27. 高峰	gāofēng	（名）	peak
28. 潮水	cháoshuǐ	（名）	tidewater
29. 涌	yǒng	（动）	pour; well up
30. 惊讶	jīngyà	（形）	being surprised; being amazed
31. 观赏	guānshǎng	（动）	enjoy the sight of
32. 人群	rénqún	（名）	crowd
33. 人山人海	rén shān rén hǎi		huge crowds of people
34. 场面	chǎngmiàn	（名）	scene; spectacle
35. 惊呆	jīng dāi		be stupefied

专　　名

南京路	Nánjīng Lù	Nanjing Road

注　　释

(一)"怎么,你没去看?"

　　"怎么"表示感到奇怪、惊讶。

(二)"文化震惊"

　　指刚到一个不同文化背景的社会时,产生的不适应性。

　　"文化震惊", *culture shock*, indicates that a person feels not adaptive when he enters the society of a different cultural background.

(三)"我就吃过蛇肉"、"我可不敢吃"

　　两句的重音都在"我"上,表示强调。

　　"我" is stressed in both of the above sentences for emphasis.

"Be bold, stand up and take a decision in your heart—this is the way you are going to live, and then leave everything to Him. Have faith that He shall guide you, and He will."

> *To change your life,*
> *see the glass half full,*
> *not half empty!*

B：对，这个我也想到了。

想到、没想到、想得到、想不到　（*not*）*expect*

(3) 真没想到，这儿这么冷，要是我们来的时候带了大衣就好了。

(4) 几年没见，想不到他现在已经是大老板了。

(5) 这样做的结果，你应该能想得到。

(二) 说不上……，只是……

"说不上"表示没有达到那种水平、程度。

"说不上" means it is not so high in standard or degree as mentioned.

(1) 说不上震惊，只是有点儿吃惊。

(2) A：你跟他很熟悉吧？

　　　B：说不上熟悉，只是有些来往。

(三) 拿……来说

用于举例证明自己的说法。

It is used to give an example for what has been said.

不同地区的人口味是各不相同的，拿四川人来说，他们特别喜欢吃辣的。

(四) 连……也/都……

这是一种强调格式。"连"后面可以是名词或动词，"连"可以省略。

It is a pattern of emphasis. The emphasized part, which is put after "连" can be a noun or a verb. "连" can be omitted.

(1) 这个问题连大学生也不懂，我们小学生当然更不懂了。

(2) 你怎么连这么重要的事都忘了。

(3) 他忙得连饭都没时间吃。

(4) 他拿到信以后，连看也没看就走了。

(五) ……上来

"上来"作补语，常放在"说、答、唱、叫"等动词后面，表示"成功地、正确地完成"。

"上来" put after the verbs "说、答、唱、叫" etc. as a complement, means "successfully, correctly". e.g.

(1) 他知道是什么意思，可就是说不上来。

(2) 这问题太难，我答不上来。

(3) 他的名字是什么，她叫不上来。

练　习

(一) 替换

1. 怎么，

连你都不知道？

你连这么简单的问题也回答不了？

他还会刻图章？

2. A：我吃过几次蛇肉。　　　B：

真的？好吃吗？

是吗？在哪儿吃的？

哦？你胆子真大。

3. 没想到，他竟然

还认识我。

交了那么多外国朋友。

是个残疾人。

4. 这事使我感到非常

吃惊。

惊讶。

震惊。

5.

这么热闹的场面，

这么复杂的方法，

那么高的手艺，

我从来没

见过。

想到过。

听说过。

(二) 选择合适的词语填空

1. 这些认识还不到半个月的同学们为她举行了生日晚会，使她万分________。

2. 外面的吵闹声把他从梦中________。

惊奇　惊呆

惊喜　惊醒

3. 那些精彩的杂技节目，我们看了都觉得十分________。

4. 那人山人海的场面把我们都________了。

(三) 用括号里的词语完成句子

1. 他回到房间,立刻____________________(吃惊):怎么? 钱包
不见了!

2. 早就听人说长城气势雄伟,现在到了长城上,我____________
________。(才　　真正)

3. 你妈妈听到这个消息,____________________。(一定　惊喜)

4. 没想到,来听演讲的人那么多,不但大厅里站满了人,而且____
____________________。(连……也……　　大厅外面)

(四) 说一件你来中国以后感到惊讶/惊奇/惊喜的事
用下面的句子开头:

　　来中国以后,使我惊讶/惊奇/惊喜的事很多,其中最使我惊讶
/惊奇/惊喜的,是……

(五) 听力

1. 听对话,然后选择最合适的答案

(1) A. 他不希望对方会刻石章

　　B. 他没想到对方会刻石章

　　C. 他觉得对方当然会刻石章

(2) A. 让小王又高兴又惊讶

　　B. 让小王吓一大跳

　　C. 让小王高兴高兴

(3) A. 非常熟悉　　　　B. 很亲密　　　　C. 一般

(4) A. 一年多　　　　　B. 快一年了　　　C. 正好一年

(5) A. 他很想念他的妈妈

　　B. 他很像他的妈妈

　　C. 他很像他的爸爸

(6) A. 音乐会的票很难买到

　　B. 女的不想去听音乐会

　　C. 男的好不容易才买到了票

(7) A. 现在是上班、下班的时候,所以人最多

　　B. 公共汽车什么时候都是挤的

　　C. 现在还不是最挤的时候

(8) A. 担心人太多　　　B. 觉得没意思　　　C. 怕迷路
(9) A. 女的没猜对
　　B. 男的是一位艺人
　　C. 这两个人以前见过面
(10) A. 他不想介绍
　　　B. 他的经历很特别
　　　C. 他说不上来
2. 听短文, 回答问题
(1) 为什么说到中国人家里吃饭不只是吃饭?
(2) 到中国人家里后, 我们感到吃惊的第一个原因是什么?
(3) 我们感到吃惊的第二个原因是什么?
(4) 主人为什么感到惊讶和担心?

补 充 生 词

1.	图章	túzhāng	(名)	seal
2.	胆子	dǎnzi	(名)	courage
3.	残疾	cánjí	(名)	deformity
4.	从来	cónglái	(副)	at all times
5.	演讲	yǎnjiǎng	(名)	lecture

附　听力材料

1. 对话
(1) 女: 这是我刻的石章。
　　男: 怎么, 你也会刻石章?
　　问: 男的是什么意思?
(2) 女: 送给小王的生日礼物已经买好了。
　　男: 好极了, 到时候我们给他一个惊喜。
　　问: 他们俩打算干什么?
(3) 女: 看来, 你跟老李很熟悉。
　　男: 说不上熟悉, 只是有过一些来往。

问：男的跟老李的关系怎么样？

（4）女：你来中国多久了？

男：大概一年不到一点吧。

问：男的来中国多长时间了？

（5）女：你长得像你爸还是像你妈？

男：像我妈。

问：关于男的，我们知道什么？

（6）女：说是请我去听音乐会，可到了他家又说没搞到票。

男：你还别说，票子确实很紧张。

问：从这段对话我们知道什么？

（7）女：公共汽车怎么这么挤？

男：现在是上下班的高峰时间，还能不挤？

问：男的是什么意思？

（8）女：今天是国庆节，咱们上街观灯去，怎么样？

男：今天晚上一定是人山人海，我可不敢去。

问：男的为什么不想去观灯？

（9）女：您是一位民间艺人吧？

男：你怎么知道的？

女：我瞎猜的。

问：听了这段对话，我们知道什么？

（10）女：介绍一下你的过去好吗？

男：我的经历跟普通人没什么两样，没什么好说的。

问：男的是什么意思？

2. 短文

饮食确实是一种文化。到中国人家里去吃饭，可不只是吃饭，还是一个学习、了解中国文化的好机会。有一次，我们几个留学生到一位中国朋友家去吃饭，一走进屋子，我们就吃了一惊：桌子上摆得满满的，那些菜的名字，我们都叫不上来。坐下后仔细一看，我们又吃了一惊：这些菜有红的，有黄的，有绿的，好像是一幅幅漂亮的图画。经过大家的努力，我们好不容易把菜都吃完了。可是，我们的主人感到惊讶了，他不但惊讶，而且有点担心起来了：要是再多准备一点菜的话，那该多好啊！

第十三课　谢谢你的关心

课　文

A

A：你好!我们看你来了。

B：我太高兴了!

C：这是送给你的鲜花,祝你早日康复!

B：谢谢,谢谢大家!

A：你看上去气色不错。你现在感觉怎么样?

B：好多了。每天早上去外面草地上晒晒太阳,呼吸呼吸新鲜空气。我都想出院了。

A：别着急。刚才医生说,你再过个把星期就可以出院了。

B：还要一个星期,都快急死我了。功课落下这么多,哪里还赶得上?

C：别担心,最重要的是先把身体养好。功课嘛,我们会帮你补上的。

A：护士来量体温了。我们走了,下次再来看你。这些水果你留着吃吧。

B：你们大老远地来看我,干吗还要买东西?

C：这是应该的。祝你早日恢复健康!

B

A：时间过得真快，你来上海都快个把月了吧？一直没
来看你，不会见怪吧？

B：哪儿的话，你特意来看我，我打心眼儿里感谢你。

A：早就应该来了，就是抽不出空来。生活上过得惯吗？

B：没问题。买东西，打电话，寄信什么的，都很方便。
要用的东西都买得到，而且也不贵。

A：东西吃得惯吗？

B：刚来的时候有点儿不习惯，现在找到了适合我口味
的东西。牛肉拉面、榨菜肉丝，是我最爱吃的。

A：如果你想换换口味，我可以带你去吃日本餐、韩国餐
或西餐什么的。

B：不用，不用，我还是入乡随俗，多吃一点地道的中国
菜。

A：那好。对了，你妈妈总惦记着你吧？

B：是的。她常常打电话来，问这问那。我对她说：你放
心，我一切都很好，都习惯了。放假的时候，我会回
去看望你的。

C

A：你这几天是怎么啦？没精打采的样子。

B：别提了，这次 HSK 没考好。

A：原来是这样。这值得你这么闷闷不乐吗？

B：我原想达到六级是有把握的。谁知听力差了几分，
得了个五级。我们班其他同学都通过了六级，就数
我倒霉。

A：既然已经是这样了，不高兴也没用。中国人常说，在

哪儿跌倒，就在哪儿爬起来。还说，失败是成功之
母。不要灰心丧气，下个月再考一次。

B：可是，提高听力水平不是一天两天的事。也许下次
还是通不过。

A：别说泄气话。不就差了那么几分吗？离下次考试还
有个把月。抓紧时间，会提高的。

B：谢谢你的关心和鼓励，我一定加倍努力。

生　　词

1.　康复　　　kāngfù　　　　（动）　　be well again
2.　气色　　　qìsè　　　　　（名）　　complexion; colour
3.　晒　　　　shài　　　　　（动）　　get sun
4.　呼吸　　　hūxī　　　　　（动）　　breathe; respire
5.　功课　　　gōngkè　　　　（名）　　school work
6.　落　　　　là　　　　　　（动）　　lag behind
7.　补　　　　bǔ　　　　　　（动）　　make up for
8.　恢复　　　huīfù　　　　　（动）　　recover
9.　打　　　　dǎ　　　　　　（介）　　from
10.　心眼儿　　xīnyǎnr　　　　（名）　　heart; mind
11.　惯　　　　guàn　　　　　（形）　　be used to
12.　适合　　　shìhé　　　　　（动）　　suit; fit
13.　拉面　　　lāmiàn　　　　（名）　　hand-made noodles
14.　榨菜肉丝　zhàcài ròusī　　　　　　shredded pork and hot
　　　　　　　　　　　　　　　　　　　pickled mustard greens
15.　入乡随俗　rù xiāng suí sú　　　　　do in Rome as the Romans
　　　　　　　　　　　　　　　　　　　do
16.　地道　　　dìdao　　　　　（形）　　genuine; pure; well-done
17.　惦记　　　diànjì　　　　　（动）　　remember with concern
18.　看望　　　kànwàng　　　　（动）　　call on; visit
19.　没精打采　méi jīng dǎ cǎi　　　　　listless; out of sorts

20.	闷闷不乐	mèn mèn bú lè		depressed; in low spirits
21.	数	shǔ	（动）	be reckoned as
22.	倒霉	dǎo méi		out of luck
23.	跌	diē	（动）	fall; tumble
24.	爬	pá	（动）	climb
25.	失败	shībài	（名、动）	fail; failure
26.	之	zhī	（助）	(particle)
27.	母	mǔ	（名）	mother
28.	灰心丧气	huī xīn sàng qì		be utterly disheartened
29.	泄气	xiè qì		lose heart; discouraging
30.	鼓励	gǔlì	（名、动）	encourage; urge
31.	加倍	jiābèi	（副）	double; redouble

注　　释

（一）"还要一个星期"

　　这里"要"是"需要"的意思。如：

　　　　从这儿骑到学校要多少时间？

（二）"急死我了"

　　"急死我"是"使我很着急"的意思。"……死了"表示程度极高。如：

　　"急死我" means "使我很着急"."……死了" indicates a high degree. e.g.

　　　　今天热死了。/累死我了。/把他气死了。/他高兴死了。

（三）"打心眼儿里感谢你"

　　这里"打"的意思是"从"。如：

　　　　(1) 你打哪儿来？

　　　　(2) 打那时候起，我就对艺术产生了兴趣。

（四）"怎么啦?"

　　询问状况或原因，带有惊讶、关切的语气。

　　"怎么啦?" is used to ask about the state of somebody or something, with a tone of "feeling surprised" or "showing concern over him or it".

（1）你怎么啦？脸色不太好，是不是病了？

（2）前面怎么啦？出事了吗？

（五）"HSK"

就是"汉语水平考试（*Hànyǔ Shuǐpíng Kǎoshì* ）"。是中国政府对母语不是汉语的人进行的水平考试。

"HSK" is the shortened form of "汉语水平考试 (*Hànyǔ Shuǐpíng Kǎoshì*)", which is a proficiency test arranged by the Chinese government for those whose mother tongue is not Chinese.

（六）"谁知听力差了几分"

"谁知"是"没想到"的意思。

我以为他早就知道了，谁知他根本不知道。

（七）"失败是成功之母"

Failure is the mother of success.

（八）"不是一天两天的事"

意思是：不是在短时间里可以完成的事。

（九）"不就差了那么几分吗？"

这是反问句，"就"是"只"的意思。这句话的意思是：只差了几分，（不多）。"不就（是）……吗？"含有轻视、不看重的口气。

It means 只差了几分，（不多）. "不就（是）……吗？" is a rhetorical question with a tone of "looking down on", "making light of".

（1）他不就是一个小小的经理吗？有什么了不起的！

（2）不就是丢了一把雨伞吗，再买一把新的就是了。

词 语 例 解

（一）晒晒太阳，呼吸呼吸新鲜空气

"晒晒"、"呼吸呼吸"是动词的重叠形式，这里表示轻松。如：

"晒晒"、"呼吸呼吸" are the reduplicated verbs used here to express a sense of being light and relaxed. For example：

（1）下班以后，他常常打打球、散散步。

（2）休息的时候，可以出门活动活动。

（二）个把星期、个把月

"把"用在"百"、"千"、"万"和少数量词后，表示大概的数量。前面不能有"一、二、三……"等数词。

"把" can be used after "百"，"千"，"万" and a few of measure words, to indicate an approximate number. Numerals such as "一、二、三……" can not be used in such cases.

个把星期　　　　　（一个星期左右）

个把月　　　　　　（一个月左右）

个把人　　　　　　（一两个人）

百把个人　　　　　（一百个人左右）

块把钱　　　　　　（一块钱左右）

（三）就是抽不出空来

"就是"，用在后面一个小句里，表示轻微的转折，对前面一句进行补充或修正。也说"只是"。

"就是"，here is usually used in the second clause conveying a slight contrast. It introduces a supplement or revision to the first clause.

（1）这孩子很聪明，就是不太听话。

（2）我很想买，可就是买不起。

（四）原来

1．是"以前"的意思。

It means "originally".

（1）他们班原来有十二个人，后来有两个人提前回国了。

（2）我原来以为达到六级是没问题的，没想到只考了五级。

2．表示发现了过去不知道的情况。

It indicates that something unknown has been discovered.

（3）怪不得好久没见到他了，原来他搬走了。

（4）我以为是谁呢，原来是你！

（五）值得

"值得"后面可以是动词或小句。如果动词是单音节的，动词前面可以有"一"。

"值得" can be followed by a verb or verbal phrase or a clause. If it is followed by only one monosyllabic verb, "一" is sometimes put between them.

（1）这个问题值得我们好好研究。

（2）这电影不错，值得（一）看。

有时，前面的主语是动词短语。

Sometimes the subject can be a verb or verbal phrase.

（3）抽出一部分人来研究这个问题，是值得的。

（4）花那么多时间不值得。

（六）既然

"既然"用在前一小句，表示承认某一事实，后面的小句根据这一事实作出推断或结论。后面的小句常常用"就"、"那么"等。

"既然"，*since*，*seeing that*，occurs in the first clause to acknowledge a fact and then an inference is made in the second clause. It is usually used in conjunction with "就"，"那么" etc..

（1）你既然身体不舒服，那就回去休息吧。

（2）既然开始做了，就应该努力做好。

练　　习

（一）替换

1. 在这儿

| 生活过得惯吗？ |
| 东西吃得惯吗？ |
| 住得惯吗？ |

2. 别

担心，	功课我们会帮你补上的。
着急，	你一定能赶上去的。
灰心，	你一定能跟上来的。

3. 不要

| 失去信心。 |
| 闷闷不乐。 |
| 这么伤心。 |

4. 既然

病了，	那就	好好养病吧。
这一次没通过，		再考一次吧。
到了这儿，		得入乡随俗。

128

5. 不就是 | 说错了一句话吗，
迟到了十几分钟吗，
有点感冒吗， | 下次注意就是了。
他不会怪你的。
吃点药就会好的。

（二）选择适当的词填空

1. 在外面跑了一天，真把我累________了。

2. 你是北方人，在南方过不________吧？

3. 如果你实在抽不________时间就算了，不要勉强。

| 出 死 惯 上 |

4. 别着急，他们的车很快会追________我们的。

（三）用括号里的词语完成句子

1. A：退休以后过得好吗？

   B：每天早上__________________，上午__________________
      ____，晚上__________________（锻炼　做　看），过得挺
      愉快的。

2. 不就是一本书吗，让他们寄给你就是了，__________________
   __吗？（值得　　特意）

3. A：去吧，没时间；不去吧，又不好。

   B：你__________________（既然），那就别去了，没关系的。

4. A：文章已经写好了，__________________。（就是　　短）

   B：短点就短点吧，能写出来就不错了。

（四）对话（安慰）

1. 你朋友住院了，他现在急着想出院，你怎么安慰他？

2. 你朋友这次考试考得不好，他很失望，你怎么安慰他？

3. 你朋友刚到中国，很多方面都感到不习惯，你去看他，对他说些
   什么？

（五）听力

1. 听对话，然后选择最合适的答案

（1）A. 晒太阳　　　　B. 看太阳　　　　C. 打太极拳

（2）A. 大约一个星期以后

　　　B. 几个星期以后

　　　C. 半个星期以后

(3) A. 很高兴　　　　 B. 很满意　　　　 C. 很失望

(4) A. 觉得他的学生学得太慢了

　　 B. 大概需要三四天才能学好

　　 C. 不要着急

(5) A. 男的不喜欢那件礼物

　　 B. 男的刚收到一件礼物

　　 C. 男的现在正闷闷不乐

(6) A. 应该换班　　　 B. 以后再换班　　　 C. 不需要换班

(7) A. 做饭和洗衣服是轻松的事

　　 B. 做饭和洗衣服是很累的

　　 C. 做饭和洗衣服没劲儿

(8) A. 男的吃不惯那个菜

　　 B. 男的特别爱吃地道的中国菜

　　 C. 男的已经吃饱了

(9) A. 男的去医院看望了江林

　　 B. 江林刚刚出院

　　 C. 男的没见到江林

(10) A. 不太愉快　　　 B. 没什么　　　 C. 惦记她朋友

2. 听短文, 选择正确的答案

(1) 江林为什么没通过这次考试?

　　 A. 基础不扎实　　 B. 上课不认真　　 C. 落下了不少功课

(2) 这次考试江林的口语和听力都考了多少分?

　　 A. 五十几分　　　 B. 六十几分　　　 C. 四十几分

(3) 考试以前江林自我感觉怎么样?

　　 A. 有把握　　　　 B. 很担心　　　　 C. 很着急

(4) 同学们对江林是什么态度?

　　 A. 关心和鼓励　　 B. 批评和责怪　　 C. 感到失望

<h2 align="center">补　充　生　词</h2>

1. 失去　　　 shīqù　　　　（动）　　　　 lose

2. 信心　　　 xìnxīn　　　　（名）　　　　 confidence

3. 伤心	shāngxīn	（形）	sad
4. 勉强	miǎnqiǎng	（形）	do with difficulty
5. 追	zhuī	（动）	run after; chase
6. 退休	tuìxiū	（动）	retire
7. 安慰	ānwèi	（动）	comfort; console

附　听力材料

1. 对话

(1) 女：小林呢？

　　男：在外面草地上晒太阳呢。

　　问：小林现在在干什么？

(2) 女：他什么时候再来？

　　男：过个把星期吧。

　　问：他下一次什么时候来？

(3) 女：他看了一定很满意吧？

　　男：我原以为他会十分惊喜的，可谁知他连看也没看。

　　问：男的感到怎么样？

(4) 女：师傅，我什么时候太极拳能打得跟你一样好呢？

　　男：要耐心，这不是一天两天就能学好的。

　　问：男的是什么意思？

(5) 女：不就是一支钢笔吗，丢了就丢了呗。

　　男：你不知道，那是我的一个好朋友送我的礼物。

　　问：从这段对话我们知道什么？

(6) 女：这个班的同学水平都比我高，我怕跟不上。我想换一
　　　个班。

　　男：你基础不错，很快就会赶上他们的。

　　问：男的觉得女的应该不应该换班？

(7) 女：又做饭，又洗衣服，累死我了。

　　男：那还累呀，不就是做做饭，洗洗衣服嘛。

　　问：男的是什么意思？

(8) 女：这可是地道的中国菜呢，来，入乡随俗嘛。

男：好吧，既然你这么说，我就吃一点儿吧。

问：从这段对话我们知道什么？

(9) 女：你见到江林了吗？

男：我特意赶去看他，谁知他住院了。

问：从这段对话里我们知道什么？

(10) 男：你怎么啦？干吗闷闷不乐的？

女：没什么，就是有点想家。

问：女的怎么啦？

2．短文

来中国以后，江林忙于工作，常常不去上课，功课落下了不少。他原以为自己基础好，功课落下一点没什么关系。谁知这次考试他没通过，口语、听力都差了几分。这几天，他一直没精打采的。他的同学都来安慰他，鼓励他，叫他不要灰心丧气，只要抓紧时间，加倍努力，就一定能赶上去的。

第十四课　明天去哪儿玩

课　文

A

A：谢天谢地，今天是星期五了！明天可以轻松一下了。

B：你们打算明天去哪儿玩呢？

A：听说，豫园很不错。

C：那儿是不错，有不少古老的建筑。

D：咱们明天就去豫园吧。几点出发？

A：安安稳稳睡个懒觉，九点出发怎么样？

D：行。咱们午饭在哪儿吃？

A：那儿有家叫老饭店的，是上海有名的饭店之一。就在那儿吃，怎么样？

C：我说，豫园还有各种各样的小吃，像小笼包子、芝麻烧饼、虾肉馄饨什么的，又好吃又便宜。我看，咱们就吃点心算了。

A：好，咱们先这样打算。要是觉得吃不饱，再上饭店也不迟。

B：如果明天下雨呢？

D：那就推迟到星期天。

"Yes. So, make a choice now and decide to act upon it. Success in any venture, including the spiritual venture, comes to those who dare to act. It never goes to the ones who don't act. People have never been rewarded in life for what they knew. They have been rewarded only for what they did.

"Walk this path by choosing a mental attitude which is positive over a mental attitude which is negative, and you have nothing to lose. In fact, you have everything to gain. In any case, you are not going to be more miserable or unhappy than you are now. So, don't just sit back and think about it. Accept it. Try it out, adapt it to your life. Live it out. That is the secret."

"But how does one start?" I queried.

"Start slowly. Start having a positive attitude, first, in the small things of life, in small incidents. Try and make yourself happier slowly, one step at a time. A journey well begun is already half done. So start slowly and walk a step at a time. Any failures, or any setbacks that you come upon during your walk down the path can actually be turned into stepping stones if you have a positive mental attitude. But if you have a negative mental attitude, every small pebble that comes in your way will become a stumbling block that you feel you cannot overcome.

B：我知道你对中国历史很有兴趣。

A：说得对，我一直想好好儿研究一下唐朝的对外交流问题。

C：你很有雄心壮志，将来一定是个出色的汉学家。到时可别忘了我们大家！

A：别拿我开玩笑了。这只是一个计划。要实现这个计划，还得靠努力和机遇。

B：中国有句古话："世上无难事，只怕有心人。"这就是说，有志气、肯努力的人，没有办不成的事。

词　　语

1. 建筑	jiànzhù	（名）	building; structure
2. 安稳	ānwěn	（形）	peaceful; sound
3. 懒	lǎn	（形）	lazy
4. 小吃	xiǎochī	（名）	snack; refreshments
5. 小笼包子	xiǎolóng bāozi		Xiaolong dumplings
6. 芝麻烧饼	zhīma shāobǐng		sesame griddle cake
7. 虾肉馄饨	xiāròu húntun		dumplings filled with shrimp and pork
8. 推迟	tuīchí	（动）	put off; postpone
9. 尽量	jǐnliàng	（副）	to the best of one's ability; as far as possible
10. 招待所	zhāodàisuǒ	（名）	entertain house
11. 省	shěng	（动）	save; economize
12. 旅客	lǚkè	（名）	passenger; hotel guest
13. 聊天	liáo tiān		chat
14. 风景	fēngjǐng	（名）	scenery; landscape
15. 时刻表	shíkèbiǎo		time table
16. 日程	rìchéng	（名）	schedule; programme
17. 转眼	zhuǎnyǎn		in an instant; in a flash

18.	光阴似箭	guāngyīn sì jiàn		time flies like an arrow
19.	安家	ān jiā		settle down; set up a home
20.	羡慕	xiànmù	(动)	admire; envy
21.	本来	běnlái	(形)	original
22.	足够	zúgòu	(形)	enough; sufficient
23.	奖学金	jiǎngxuéjīn	(名)	scholarship
24.	学业	xuéyè	(名)	one's studies
25.	雄心壮志	xióngxīn zhuàngzhì		lofty aspirations and great ideals
26.	汉学家	hànxuéjiā	(名)	Sinologist
27.	靠	kào	(动)	rely on
28.	机遇	jīyù	(名)	favourable circumstances
29.	志气	zhìqì	(名)	aspiration; ambition
30.	肯	kěn	(助动)	be willing to; be ready to

专　名

1.	豫园	Yùyuán	Yu Garden
2.	老饭店	Lǎo Fàndiàn	Lao (old) Restaurant
3.	西北大学	Xīběi Dàxué	Northwest University
4.	北京大学	Běijīng Dàxué	Beijing University
5.	唐朝	Táng Cháo	the Tang Dynasty (618 年—907 年)

注　释

(一)"谢天谢地"

在实现愿望、解除负担、避免不幸后,表示十分庆幸。

It indicates feeling very fortunate when one's wish comes true, one's burden is got rid of, or some unfavorable condition is avoided.

(1) 谢天谢地,你终于来了!

(2) 只要他不来找我麻烦,我就谢天谢地了。

(二)"那儿是不错"

这里"是"必须重读,表示肯定、同意某个说法。

Here "是" must be stressed, indicating confirming or agreeing with something.

> A：听说他会说阿拉伯语,我不太相信。

> B：他是会说阿拉伯语。

（三）"睡懒觉"

指早上很晚起床。如：

It indicates getting up late in the morning. e.g.

> 这几天学校放假,他就每天睡懒觉,到九点钟才起来。

（四）"小吃"

指饭店、食铺、街头卖的方便、便宜、有地方风味的食物。

It indicates the varieties of food easily-made, cheap, and with a local flavor, offered in the restaurants, eating houses, or by the street peddlers.

（五）"要是觉得吃不饱,再上饭店也不迟。"

这里"再"是"然后"的意思。又如：

> 先去西安,再去北京。

（六）"西安三天,北京四天,差不多了。"

这里"差不多了"表示"达到了某个预期的标准、程度"。

"差不多了" here means "to have reached a certain standard or degree".

> （1）他觉得他的汉语已经学得差不多了,不想再学下去了。

> （2）A：还要点别的什么东西吗?

> B：差不多了,已经买了不少了。

（七）"拿我开玩笑"

就是"把我作为玩笑的内容"。又如：

> 大家总爱拿他开玩笑,他从来不生气。

词 语 例 释

（一）咱们就吃点心算了。

这里"……算了"表示放弃其他打算,选择前面说的那个行为。

Here "……算了" indicates to give up all other alternatives and just do what is mentioned before "算了".

（1）A：要不要再等等?

B：不用了,开车算了。

（2）A：我觉得不应该骗他。

B：那就把真实情况告诉他算了。

（二）各

表示分别做或分别具有。

"各", *respectively*, indicates that each individual of the group does the same or is in the same state.

（1）他们各有各的想法。

（2）开完会,他们就各回各的家了。

（3）我家左边和右边各有一家食品店。

（4）我们班男生女生各占一半。

（三）我刚才问了问

"问了问"是动词的重叠形式,表示时间短,动作快;中间用"了",表示动作已经完成。也可以说"问了一下"。再如:

"问了问" is the reduplicated form of the verb "问", which implies a short and quick action. "了" is inserted between the reduplicated parts to indicate that the action has been completed. It is the same as "问了一下". Other examples：

（1）他刚才到我们宿舍看了看,问了问我们的生活情况。

（2）他很快地查了查词典,又想了想,然后才回答老师的问题。

（四）一两年

意思是一年或两年。连用两个邻近的数词,表示大概的数量。

One of the most common ways to indicate approximate numbers is to use two adjacent numerals together.

一两个/七八个/十五六天/二三十公斤/四五百张

练　　习

（一）替换

1. 你明天有什么 | 打算？
计划？
安排？

2. 我 | 打算
想
准备 | 先回国工作一年。

3. | 那样
有机会
可能 | 的话，我想留在上海工作。

4. 看来， | 我们的活动要推迟到星期天了。
我们只能改变计划了。
这个计划只好取消了。

5. 这只是一个计划， | 不一定能实现。
还得看具体情况。
是不是可行还很难说。

（二）选择适当的词填空

1. A：我想来回________坐火车。

    | 就　再　各　都 |

   B：这主意不错，咱们________这么办。

2. A：你打算在杭州、苏州________玩几天？

   B：先在杭州玩三天，________去苏州玩两天。

（三）用括号里的词语完成句子

1. A：时间不早了，我告辞了。

   B：外面正下雨呢，____________________（等）再走吧。

2. 如果明天下雨的话，运动会就____________________。（推迟）

3. A：我的想法是，尽量在那儿多呆几天，多看看，多玩玩。

   B：我____________________。（想　一样）

4．A：你不是说要在这儿读完博士再回去吗？

　　B：我＿＿＿＿＿＿＿＿＿＿＿＿。（本来　现在）

（四）谈打算

1．这个周末你有什么打算？

2．回国以后你有什么打算？

3．你对将来有什么打算？

（五）听力

1．听对话，然后选择最合适的答案

（1）A．去看朋友　　　　B．去看比赛　　　　C．还没决定

（2）A．在那儿打电话不容易

　　　B．小李一直在等小张的电话

　　　C．小李感谢小张给他打电话

（3）A．女的总是吃得很少

　　　B．女的很少花钱

　　　C．女的今天吃得很少

（4）A．再稍微修改一下

　　　B．还不够好

　　　C．不用改了

（5）A．男的平时起得很晚

　　　B．男的今天起得很晚

　　　C．男的不喜欢起得太晚

（6）A．他不知道有什么活动

　　　B．活动日程还没决定

　　　C．他们应该看过活动日程表

（7）A．住招待所也可以

　　　B．不用住招待所

　　　C．住招待所不可能

（8）A．一点半　　　　B．三点半　　　　C．两点钟

（9）A．表示羡慕

　　　B．她也会在上海工作

　　　C．表示祝贺

（10）A．再也不读了　　B．继续读　　　　C．一两年以后再读

140

2．听短文以后,请你替马林写一个假期日程安排表

	时间	活动内容
①		
②		
③		

补 充 词 语

1．取消　　qǔxiāo　　（动）　　cancel
2．可行　　kěxíng　　（形）　　practicable
3．运动会　yùndòng huì　　　　sports meet
4．将来　　jiānglái　　（名）　　future

附　听力材料

1．对话

(1) 女：你明天打算干什么?

　　男：明天看吧。

　　问：男的明天有什么打算吗?

(2) 女：喂,小李吗? 我是小张。

　　男：谢天谢地,你总算来电话了。

　　问：从这段对话里我们知道什么?

(3) 男：你干嘛这么省呀?

　　女：不是省,是今天没胃口。

　　问：从这段对话里我们知道什么?

(4) 女：要不要再修改一下?

　　男：我看差不多了吧。

　　问：男的是什么意思?

(5) 女：哟,今天怎么没睡懒觉?

　　男：哪儿能天天睡懒觉啊。

问：从这段对话里我们知道什么？

(6) 女：老师，今天下午我们有什么活动吗？

男：怎么，活动日程表不是已经发给你们了吗？

问：老师是什么意思？

(7) 女：我看住招待所算了。

男：还不知道住得上住不上呢。

问：女的是什么意思？

(8) 女：不是说下午一点半开会吗？

男：改了，推迟两个小时。

问：他们什么时候开会？

(9) 男：我们公司打算把我留在上海工作，我想把太太、孩子都接到上海来。

女：我要是有你这样好的机遇就好了。

问：女的是什么意思？

(10) 女：你还要读研究生吧？

男：我想先工作一两年，然后继续完成我的学业。

问：男的还想继续读书吗？

2．短文

离放假还有一个多月，马林已经把假期的日程全都安排好了。首先，他打算参加七月底的 HSK。因此，得好好准备一下。考完试，他要和朋友们一起去黄山游览。然后呢，八月十号左右，他要去一位中国朋友家。那位朋友的家可远着呢——在乌鲁木齐！从那儿回来，这个假期也就差不多了。马林的计划挺不错的。这些计划能不能实现呢？现在可说不准。

第十五课　今晚去打保龄球吧

课　文

A

A：明天星期六，不上课，今天晚上我们出去玩儿玩儿吧。

B：可这么晚了去哪儿呢？

A：还愁没地方去？远的不说，就拿学校附近来说，有卡拉 OK 厅，迪斯科舞厅，还有保龄球馆，地方多着呢。我们也可以去美食街吃夜宵。

B：吃夜宵倒是好主意，不过，听说那家新开的保龄球馆很气派，要不先去打保龄球？

A：好哇，我们还没去过呢。今晚就去那儿打保龄球吧。开张期间九折优惠，晚上十一点以后还打八折。今天谁请客？

B：还是谁输谁请客吧。

A：好，另外还得请夜宵。

B

A：请问，二位想吃点儿什么？

B：让我们看看菜单再说吧。小江，你来点吧。

C：好，我看一下。来一个鱼香肉丝，一个茄汁大虾。你都喜欢吗？

B：都喜欢。鱼香肉丝是我最爱吃的。

C：你也点几个吧。

B：你吃不吃辣的？

C：怎么说呢，可以吃，但太辣不行。

B：麻婆豆腐怎么样？

C：行。

B：那么，再来一个麻婆豆腐。请问，你们饭店的拿手菜是什么？

A：烤鸭。我们店烤的鸭子，吃过的人没有不说好的。

B：那就来半个吧。

A：请问，饮料喝什么？

B：先来两瓶啤酒。你要不要喝点儿别的酒？

C：有啤酒就可以了。再来一盘什锦炒饭，不要放葱。

A：好，明白了。另外，我们还有水饺、炒面什么的。

B：差不多了。要添什么，我们再招呼你。

C

A：我想请你帮个忙，不知道会不会太麻烦你？

B：别客气，请说吧。

A：我买了一台传真机。没想到，说明书全是用英文写的，我一句也看不懂。你能帮我翻译一下吗？

B：让我看一下。嗯，有很多术语，我不知道用汉语怎么说。不过，我可以帮助你学会怎么使用。

A：那太好了。你今天晚上有空吗？

B：行，我去你家。八点半行吗？

A：那你早一点儿来吃晚饭。

B：我还有点儿事，吃晚饭就算了。对了，小明是学工程

技术的, 他的英语相当不错。我建议你去请他翻译
一下说明书。

A：对啊, 我怎么没想到他呢。

生　　词

1. 愁	chóu	（动）	worry; be anxiouse
2. 卡拉OK	kǎlā'ōukèi	（名）	karaoke
3. 迪斯科	dísīkē	（名）	disco
4. 保龄球	bǎolíngqiú	（名）	bowling
5. 美食街	měishí jiē		food stands
6. 夜宵	yèxiāo	（名）	midnight snack
7. 气派	qìpài	（形、名）	brilliant; manner; style
8. 折	zhé	（名）	discount
9. 优惠	yōuhuì	（形）	favourable
10. 菜单	càidān	（名）	menu
11. 点	diǎn	（动）	order; a la carte
12. 鱼香肉丝	yúxiāng ròusī		saute shredded pork in hot sause
13. 茄汁大虾	qiézhī dàxiā		fried prawns in tomato sauce
14. 辣	là	（形）	hot; peppery
15. 麻婆豆腐	mápó dòufu		bean curd with minced pork in chilli sauce
16. 拿手	náshǒu	（形）	adept; good at
17. 烤鸭	kǎoyā	（名）	roast duck
18. 饮料	yǐnliào	（名）	beverage
19. 什锦炒饭	shíjǐn chǎofàn		fried rice with assorted meat
20. 葱	cōng	（名）	scallion; onion; shallot
21. 水饺	shuǐjiǎo	（名）	boiled dumplings
22. 炒面	chǎomiàn	（名）	fried noodles
23. 添	tiān	（动）	add; increase

24. 招呼	zhāohu	（动）	call; notify
25. 传真机	chuánzhēnjī	（名）	fax machine
26. 说明书	shuōmíngshū	（名）	guide booklet
27. 术语	shùyǔ	（名）	term
28. 工程	gōngchéng	（名）	engineering

注　　释

（一）"远的不说,就拿学校附近来说,有……"

　　这里的意思是:(好玩的地方很多,)远的地方不用说,当然很多;近的地方也不少,例如,在学校附近,有……

（二）"要不先去打保龄球"

　　"要不"是"如果不这样的话"的意思。如:

　　"要不" means "if not". Another example：

　　　　(1) 快走,要不就来不及了。

　　"要不"也用来表示提出另外一种建议,相当于"或者"。

　　It can be used to suggest an alternative plan.

　　　　(2) 要不去问问小张吧,他也许知道。

　　　　(3) 明天你给我打电话,要不我给你打也行。

（三）"请客"

　　"请客"是指由某人付钱,请别人吃、玩等。在中国,请客是常见的。大多数人不习惯各自付款。

　　"请客" means that one invites others to have a wonderful time such as playing bowling, having dinner, going to the movie, etc., and he will pay for all this. It is quite common in China. Most of the people are not accustomed to the form of everybody paying respectively.

（四）"另外还得请夜宵"

　　课文里的意思是:不但要付打保龄球的钱,而且还要请大家吃夜宵。

（五）"怎么说呢?"

　　表示一时没找到准确的、合适的表达方式。

　　It indicates that one feels difficult to find an accurate or appropriate

146

way to express himself.

(1) A：他是个什么样的人？

B：怎么说呢？他是一个普普通通的人。

(2) A：你对我有什么意见？

B：挺好的，就是……，就是……，怎么说呢，就是不太关心别人。

（六）"饮料喝什么?"

就是"喝什么饮料"，"饮料"放在句子开头，是话题。

The same as "喝什么饮料". "饮料" is put at the beginning of the sentence to act as the topic.

（七）"我怎么没想到他呢。"

意思是说，我应该想到他。表示对自己的责备。

It means 我应该想到他. It suggests that one is blaming himself.

词 语 例 解

（一）着呢

"着呢"多用在形容词或描写性短语后，表示程度深。

It is mostly used after an adjective or a descriptive phrase to indicate a high degree.

(1) 大街上热闹着呢。

(2) 他现在忙着呢。

(3) 他的中国话说得流利着呢!

（二）倒

"倒"的一个用法是：先肯定某个方面，然后再指出不好的方面。

One of the meanings of the adverb "倒" is to indicate that while one acknowledges the favorable, one intends to point out the unfavorable.

(1) 吃夜宵倒是好主意，不过我更想去打保龄球。

(2) 今天天气倒不错，就是热。

(3) 我倒很想去，就怕没时间。

（三）吃过的人没有不说好的

汉语里常用两次否定的形式来表示肯定，加强肯定的程度。其中的一个格式是：

Double negation is often used in a sentence to indicate affirmation, emphasizing that the degree of affirmation is beyond any doubt. Here is one of the patterns：

"没有不……"

1. "没有不……＋名词"

(1) 我们没有不能解决的问题。

(2) 他没有不想看的节目。

2. "没有不……的"

(3) 吃过的人没有不说好的。

(4) 他们家的人没有不喜欢音乐的。

(5) 房间里的东西没有不需要的。

(四) 一……也/都……

"一……也/都……"强调没有,谓语是否定形式。"一"前面可以用"连"。

"一……也/都……" is used to show that the amount is even less than "一", the smallest number, emphasizing "没有". The predicate is in the negative form. "连" sometimes is put before "一".

(1) 屋子里一个人也没有。

(2) 我一句也听不懂。

(3) 我连一次也没来过。

还常用"一点儿"或"一会儿"。

"一点儿" or "一会儿" is also often used.

(4) 他一点儿也不害怕。

(5) 他忙得一会儿也不闲着。

练　习

(一) 替换

1. 我建议你们

| 请他翻译一下。 |
| 以后多用汉语对话。 |
| 到那儿去看看。 |

2. 要是 | 你不想打保龄球 | 的话，| 我们 | 可以 | 去美食街吃夜宵。
买不到卧铺 | 你 | 买硬座。
嫌这个菜太辣 | 我们 | 换一个。

3. 要不要 | 再来点儿什么？
先跟他商量一下？
先听听他们的意见？

4. | 这主意 | 不错。
这想法
这点子
这计划
这建议

(二) 选择适当的词填空

1. 这主意好________好，就是做起来太麻烦了。

| 是 | 倒 | 就 | 再 |

2. 有了电脑，写文章也________容易多了。

3. 我们先看看火车时刻表________决定吧。

4. 看的人________不少，可一个也不买。

(三) 用括号里的词语完成句子

1. 他们说的是广东话，我____________________。(一……都/也听懂)

2. A：听说在你们国家人人都能歌善舞，是不是？

B：那当然，在我国，____________________。(没有不……的)

3. 骑自行车？路____________________(着呢)，你骑得动吗？

4. A：这倒霉的车，我怎么也修不好。

B：____________________(要不)？

(四) 对话(建议)

1. 你朋友想去国外留学，但不知道去哪个国家合适，请你给他提一点建议。

2. 你朋友快要毕业了,毕业以后做什么工作,请你给他提一点建议。

3. 你朋友身体不太好,他该怎么办,请你给他提一点建议。

(五) 听力

1. 听对话,然后选择最合适的答案

(1) A. 饭店　　　　　B. 家里　　　　　C. 教室

(2) A. 没有人说好

　　 B. 人人说好

　　 C. 都说不好

(3) A. 叫他明天不要来

　　 B. 建议他明天再来

　　 C. 问他明天还要不要来

(4) A. 房间里没有人

　　 B. 房间里没有认识的人

　　 C. 房间里只有一个认识的人

(5) A. 160 元　　　　B. 180 元　　　　C. 190 元

(6) A. 他不会用

　　 B. 他看不懂说明书

　　 C. 传真机丢了

(7) A. 他只会唱京剧,不会弹钢琴

　　 B. 他唱京剧和弹钢琴的水平一样高

　　 C. 他唱京剧的水平比弹钢琴高

(8) A. 女的喜欢请客

　　 B. 女的最有钱

　　 C. 女的打保龄球常输

(9) A. 能

　　 B. 有点困难

　　 C. 不能

(10) A. 男的可能会去找小王帮忙

　　　B. 小王什么问题也解决不了

　　　C. 男的不想麻烦小王

2. 听完短文后,请填写

小赵建议：	
小李建议：	
王英建议：	
林海德建议：	
大家最后决定：	

补 充 生 词

1. 对话　　　duìhuà　　　（动）　talk
2. 硬座　　　yìngzuò　　　（名）　hard seats (in a train)
3. 嫌　　　　xián　　　　（动）　dislike
4. 点子　　　diǎnzi　　　　（名）　idea
5. 能歌善舞　néng gē shàn wǔ　　good at both singing and
　　　　　　　　　　　　　　　　dancing

附　听力材料

1. 对话

（1）男：来点儿什么？

　　女：你点吧，我随便。

　　问：他们在哪儿？

（2）男：这部电影怎么样？

　　女：看过的人没有不说好的。

　　问：这部电影怎么样？

（3）男：能不能帮个忙，我都快急死了。

　　女：今天肯定不行了，要不你明天再来看看。

　　问：女的是什么意思？

（4）女：房间里没人吗？

　　男：人倒不少，可是一个也不认识。

　　问：男的是什么意思？

（5）女：每件一百块钱，开张期间九折优惠。

男：来两件。

问：男的花了多少钱？

（6）女：你昨天买的传真机呢？怎么不用？

男：我把说明书丢了。

问：男的为什么不用传真机？

（7）女：真没想到，他还会弹钢琴。

男：这还不是他最拿手的。他最拿手的是唱京剧。

问：从这段对话里我们知道什么？

（8）女：打完保龄球以后，谁输谁请客。

男：那一定又是你请客了。

问：从这段对话我们知道什么？

（9）女：我这儿有篇英文的医学方面的文章，想请人翻译一下。听说你的英语相当好？

男：怎么说呢，一般的文章没问题，专业术语太多的话就不行了。

问：那篇医学方面的文章男的能翻译吗？

（10）女：可以帮你忙的人多着呢，小王就是一个，又能干又热心，他没有解决不了的问题。

男：咦，我怎么没想到他呢！

问：从这段对话我们知道什么？

2．短文

晚上，大家都觉得应该出去轻松轻松。去哪儿好呢？大家的意见很不一样。小赵是个美食家，提议去尝尝当地的小吃；小李最爱唱歌，建议去唱卡拉 OK；王英是个舞迷，她主张去跳迪斯科；林海德喜欢打保龄球，好久没打，心里早就痒痒了。争着争着，大家肚子都有点饿了，一致认为，还是小赵的主意最吸引人。最后，大家决定：听小赵的——不过，有个条件：得让小赵请客。

第十六课　车厢里禁止吸烟

课　文

A

A：老师，我能耽误你几分钟吗？

B：没关系，有什么事说吧。

A：明天我们公司有人来上海，我要去虹桥机场接他们，因此，明天上午，我不能来上课了。

B：他们几点来上海？

A：下午一点到虹桥机场。

B：不上课得写请假条。由老师签名后，到教务科办理手续。不过，下午一点到机场，上午四节课都不上，是不允许的。

A：我怕上完课来不及，我还要回去拿一些东西。

B：这样吧，允许你早退一节课。

A：也就是说，我可以不上第四节课？

B：是的。

A：谢谢老师。

B

A：这次旅行能和你做伴，我很高兴。

B：我也很高兴。西安是我一直向往的地方。

A：西安我没去过。我还是第一次在中国乘火车，路上请你多多照顾。

B：互相帮助吧。听，开车铃响了，火车就要开了。

A：播音员在说什么？

B：是在告诉大家，严禁携带易燃、易爆物品上车。如果哪位旅客带了，就要马上和列车员联系。

A：为了旅客的安全，绝对不能让危险品带上车。

B：行李得重新放一下。行李是不能超出行李架的。

A：我看，干脆放到铺位底下去。

B：行。

A：这下都好了。可以抽支烟了。

B：车厢里是禁止吸烟的，还是别抽吧。

C

A：明天参加 HSK，我有点儿紧张。

B：有了准备，就不用紧张。

A：我第一次参加 HSK，不熟悉考场纪律。

B：你仔细看一下《考生手册》，再说老师还会在考场上说一遍考试纪律的。

A：你还是先给我说一下吧。

B：你认识考场吗？别迟到了。迟到 15 分钟后，就不得进入考场。

A：考场我认识。我会早一点儿去的。

B：还有，别忘了带准考证、学生证或居留证，不然也是不能参加考试的。桌面上只能放铅笔、橡皮和证件，其他东西是不准放在桌面上的。

A：我明白了。

B：还有，寻呼机、手机等进入考场必须关闭，禁止使用。

A：我干脆就不带了。

B：我想到的都告诉你了。祝你好运。

生　　词

1. 耽误	dānwù	（动）	delay; hold up
2. 因此	yīncǐ	（连）	therefore; for this reason
3. 请假条	qǐngjiàtiáo	（名）	written request for leave
4. 签名	qiān míng		sign one's name; autograph
5. 教务科	jiàowùkē	（名）	academic affair office
6. 办理	bànlǐ	（动）	handle; do; go through
7. 手续	shǒuxù	（名）	formalities; procedure
8. 允许	yǔnxǔ	（动）	permit; allow
9. 做伴	zuò bàn		keep sb. company
10. 向往	xiàngwǎng	（动）	look forward to; yearn for
11. 铃	líng	（名）	bell
12. 播音员	bōyīnyuán	（名）	announcer
13. 严禁	yánjìn	（动）	prohibit
14. 携带	xiédài	（动）	carry; take along
15. 易燃	yì rán		inflammable
16. 易爆	yì bào		explosive
17. 物品	wùpǐn	（名）	articale; goods; things
18. 列车员	lièchēyuán	（名）	conductor (on a train)
19. 绝对	juéduì	（形）	absolute; by any means
20. 超出	chāochū	（动）	exceed
21. 铺位	pùwèi	（名）	berth
22. 车厢	chēxiāng	（名）	carriage; coach
23. 考场	kǎochǎng	（名）	examination room
24. 纪律	jìlǜ	（名）	discipline
25. 手册	shǒucè	（名）	handbook; manual
26. 准考证	zhǔnkǎozhèng	（名）	examination permit
27. 学生证	xuéshēngzhèng	（名）	student ID

28.	居留证	jūliúzhèng	（名）	residence permit
29.	手机	shǒujī	（名）	mobile phone
30.	必须	bìxū	（副）	must
31.	关闭	guānbì	（动）	close; turn off
32.	好运	hǎo yùn		good luck

<h1 style="text-align:center">专　　名</h1>

| 虹桥机场 | Hóngqiáo Jīchǎng | Hongqiao Airport |

<h1 style="text-align:center">注　　释</h1>

(一)"下午一点到机场,上午四节课都不上,是不允许的。"

　　这里的意思是:公司的人下午一点才到机场,可是你上午四节课都不上,老师是不允许你这样的。

(二)"我怕上完课来不及。"

　　这里的意思是:我担心上完课以后来不及去机场接人。

(三)"这样吧"

　　表示在事情不容易解决或双方意见不一致的情况下,经过考虑,提出一个办法。

It is used to begin to offer a suggestion that may be acceptable to both sides when some problem is difficult to solve or the two parts have different opinions on the solution to the problem.

　　(1)我没有什么礼物送给大家,这样吧,我唱一首日本民歌为你们送行。

　　(2) A：还是你来写吧,我水平不高,恐怕写不好。

　　　　B：这样吧,你先写,以后我一定帮你修改。

(四)"一节课"

　　中国的学校,一般来说,一节课是四十五分钟,每节课之间有十分钟休息。

At schools, colleges and universities in China, generally speaking, "一节课" lasts for 45 minutes and there will be a 10-minute break between two classes.

（五）"证件"

中国人最基本的证件是"身份证"，另外还有"工作证"或"学生证"等。

For a Chinese, the most important card is "身份证" (*Identification Card*) and he may have a "工作证" or "学生证", etc..

（六）"寻呼机、手机等进入考场必须关闭"

意思是：进入考场以后，必须关闭寻呼机、手机等。"关闭"的宾语"寻呼机、手机等"移到句首充当话题。

It means 进入考场以后，必须关闭寻呼机、手机等. The object of "关闭"，"寻呼机、手机等", is moved to the beginning of the sentence to be the topic.

词 语 例 解

（一）因此

表示结果或结论，前面有时用"由于"和"因此"呼应，但不能用"因为"。

"因此"，*therefore*, is used in the second clause. Sometimes "由于" is used in the first clause, but "因为" can not be used in conjunction with "因此".

(1) 他在这儿住过两年，因此对这个地方很熟悉。

(2) 由于他对人十分热情，因此大家都很喜欢他。

（二）由

介词"由"的一个用法是，指出职责归属。这时"由"的宾语是指人的名词。

One of the meanings of the preposition "由" is to denote to whom a task is assigned, with the object of "由" denoting a person.

(1) 车票由我去买，你放心就是了。

(2) 如果你一定要这样做的话，出了事由你负责！

(3) 我先简单地说几句，具体问题等一会儿由老王给你们介绍。

（三）是……的

除了前面已经学过的用法以外，"是……的"还用于表示对主语的描写或说明，这时候把谓语放在"是……的"的中间，语气显得更加肯定。

Besides the usages that we have already learned, one more usage of the structure "是……的" is to describe or make some comments on the subject. When the predicate is put inside of "是……的", it sounds more affirmative.

(1) 这些鱼是很新鲜的。

(2) 客人的意见宾馆领导是知道的。

(3) 他是很想去的，只是没有时间。

跟强调动作的发出者、时间、地点、方式等的"是……的"不同，"是……的"表示对主语的描写或说明时，"不"要放在"是……的"的里面。比较：

Different from the "是……的" which is used to emphasize when, where, how and by whom something was done, the "是……的" which is used to describe or make some comments on the subject requires "不" to be put inside of it when we want to negate the sentence. Compare：

(4) 他不是昨天来的。

(5) 他是不知道的。

(6) 这是不可能的。

(4)"是……的"表示强调，"的"不能省略，一定是过去的行为，否定时"不"在"是"的前面；(5)、(6)的"是……的"表示对主语的描写、说明，"是……的"可以不用，不一定是过去的事，否定时"不"在"是"的后面。

"是……的" in (4) is the one for emphasis. "的" here can not be omitted., and "不" is put before "是" and the verb denotes a past action. While "是……的" in (5) and (6) is the one for description. "是……的" can be omitted and "不" is put after "是" and the predicate is not necessarily about something in the past.

练　　习

（一）替换

1. | 允许你 | 早退一节课。
　　| 同意你 |
　　| 答应你 |

2. | 没有证件 | 不准 | 进去。
　　| 文物 | | 带出国去。
　　| 铃还没响 | | 开始。

3. | 迟到十五分钟以后 | 是不允许 | 进入考场 | 的。
　　| 危险品 | | 带上车 |
　　| 考试时 | | 查词典 |

4. 请不要 | 大声说话。
　　　　 | 打开窗户。
　　　　 | 打扰我。

5. | 车厢里 | 禁止 | 吸烟。
　　| 展览馆内 | | 照相。
　　| 这儿 | | 停车。

(二) 选择适当的词填空

1. 抽烟在火车上是不________允许的。

| 由　把　被　○ |

2. 绝对不能让旅客________危险品带上车。

3. 你是不是可以参加考试,得________教务科了解情况以后再作决定。

4. 他因为________车停在禁止停车的地方,________警察罚了款。

(三) 用括号里的词语完成句子

1. 按照中国法律,____________________。(禁止　携带　出国)

2. 到了那儿,先仔细看看这本手册,____________________(不准的)千万别做。

3. 你____________________(没　办理),暂时不能借书。

4. A：那儿写着什么?

   B：“请勿大声喧哗”,意思是说,____________________。

   (不要)

(四) 口语

1. 你们国家对抽烟、喝酒有什么规定?

2. 你们国家对中小学生有哪些要求? 如果他们做不到,会怎么样?

3. 我们乘飞机时应该注意什么?

(五) 听力

1. 听对话,然后选择最合适的答案

(1) A. 北京　　　　B. 机场　　　　C. 朋友家

(2) A. 18　　　　B. 20　　　　C. 22

(3) A. 汽车上　　　B. 火车上　　　C. 飞机上

(4) A. 不同意请假

   B. 应该写个请假条

   C. 去教务科办手续

(5) A. 此处不准停放自行车

   B. 此处不得骑自行车

   C. 此处没有自行车

(6) A. 用了半个小时才赶到

   B. 提前半个小时到达

   C. 路上堵了半个小时的车

(7) A. 带了准考证,没带学生证

   B. 带了学生证,没带准考证

   C. 学生证、准考证都没带

(8) A. 这一次就算了

   B. 只能照顾你一个人

   C. 不能照顾

(9) A. 可以　　　　B. 不可以　　　　C. 随便

(10) A. 买手机　　　B. 参加考试　　　C. 去旅行

2. 听短文，判断下面的说法对不对
   (1) 词典可以放在桌子上。
   (2) 绝对不能离开座位。
   (3) 如果要使用手机，应该先举手。
   (4) 考场里不得抽烟。

补 充 生 词

1. 答应　　dāying　　　（动）　agree；answer
2. 警察　　jǐngchá　　　（名）　police
3. 罚款　　fá kuǎn　　　　　　　impose a fine or forfeit
4. 法律　　fǎlǜ　　　　　（名）　law
5. 勿　　　wù　　　　　　（副）　don't
6. 喧哗　　xuānhuá　　　（动）　hubbub

附　听力材料

1. 对话
(1) 女：你上哪儿？
　　男：我朋友今天从北京坐飞机来上海，我现在去接他。
　　问：男的现在去哪儿？
(2) 女：你们每周上多少节课？
　　男：除了星期三上两节课以外，每天都是四节。
　　问：他们每个星期上多少节课？
(3) 女：在哪儿办理补票手续？
　　男：不清楚，你问问列车员吧。
　　问：他们现在在哪儿？
(4) 男：老师，下个星期我去西安旅行，请一个星期假，可以吗？
　　女：为了旅行请假，是不允许的。
　　问：女的是什么意思？
(5) 男：谁的自行车停在这儿？没看见那儿的牌子上写着什
　　　么吗？

女：对不起，我没注意。我马上就骑走。

问：那儿的牌子上写着什么？

（6）女：今天怎么啦？上班迟到了？

男：路上堵车，耽误了半个小时。

问：男的今天怎么了？

（7）女：没带准考证不准进去。

男：学生证也不行吗？

女：不行。

问：这位考生带了什么？

（8）男：我的情况比较特别，能不能照顾一下？我会非常感谢你的。

女：这是纪律，任何人都一样。

问：女的是什么意思？

（9）男：这儿可以抽烟吗？

女：这儿是禁烟区。

问：这儿可不可以抽烟？

（10）女：考场上不准使用手机。

男：那我明天就不带去了。

问：男的明天要去干什么？

2．短文

现在，我宣布考场纪律：

一、除了准考证、身份证件、手表、铅笔、尺子和橡皮以外，不要把其他东西放在桌子上。

二、考试时不要观看别人的考卷，也不要让别人看你的考卷。

三、考试时不得随便离开座位，得到允许后才能离开。

四、考场内禁止吸烟。

五、考场内不准使用手机、寻呼机等。

第十七课　昨晚我一宿没睡

课　　文

A

A：你今天是怎么搞的，上课打不起精神。

B：别提了，昨晚我一宿没睡。

A：怎么啦？

B：我楼上那位邻居过生日，晚上来了七八个人，又是唱又是跳，到十一点也不想停。

A：那你不上去说说他们？

B：怎么不说呢。我上去了好几回。我对他们说："得让别人睡觉了。"

A：见你生气了，他们总得注意一点儿了吧？

B：可我刚要睡着，他们的声音又大了起来。我只好再上去。我那邻居答应得快，忘得也快。过不了一会儿，又是老样子，而且越闹越厉害。

A：那太不像话了。

B：是啊，我后来发火了："你们简直要把楼板跳穿了。再不停下来的话，我要报警了。"我那邻居忙打招呼："实在抱歉，是朋友们太胡闹了。"

A：后来呢？

B：他们这才真的停了下来。可我还睡什么呢？天都快亮了。

B

A：我们学烧中国菜已经有一个星期了。这些菜，都是我们自己动手做的。现在来比一比，哪个菜的色、香、味最好。

B：我看，这盘麻婆豆腐不错，又红又白，上面还有一些葱花。

A：味道怎么样？请你先动筷。

B：好，我先来尝一下。嗯，辣了一点儿。

C：我说，这碗榨菜肉丝蛋汤挺香的，一股麻油清香。不知道味道怎么样？

D：我来喝一口，有点儿咸。

C：来尝尝这盘糖醋鱼块。

D：味道好不好？

B：很可口，酸里有甜，甜里带酸，酸甜适中。

D：是吗？我以前没吃过糖醋鱼块。

B：那你就多吃一点儿。

D：又嫩又滑，味道好极了。

A：看来，糖醋鱼块做得最好。

C：不过，鱼刺太多了。

C

A：怎么搞的，我都等你半天了，怎么才来？

B：都怪我不好，怪我太粗心了。

A：都是你，害得我一个女孩子站在这里丢人现眼的。

B：别生气了，我不是故意的。

A：那你还有理由？

B：是这样的，下了班，我回家换了一件衣服……

A：回家换衣服？

B：瞧这牛仔衫，多帅！是你给我买的，我想穿上让你高兴。谁知这一换，却换出麻烦来了。

A：什么麻烦？

B：车到半路，我才想起电影票还在那件换下的衣服里。可车不到站不让下。这该死的车，连吃了三个红灯。一到站，我忙叫了一辆出租车，回家取了票又赶来了。

A：也该怪你太死心眼儿。票没带，可以来了再买呀。

B：我怕票卖完了。走，快进去看吧。

A：还看什么，都快完了。

生　　词

1. 宿	xiǔ	（量）	measure word for nights
2. 邻居	línjū	（名）	neighbour
3. 答应	dāying	（动）	agree; promise; comply with
4. 闹	nào	（动）	make a noise
5. 厉害	lìhai	（形）	terrible; formidable
6. 不像话	búxiànghuà		shocking; outrageous
7. 发火	fā huǒ		get angry; flare up
8. 简直	jiǎnzhí	（副）	simply; at all
9. 楼板	lóubǎn	（名）	ceiling
10. 穿	chuān	（动）	pierce through
11. 报警	bào jǐng		call the police
12. 胡闹	húnào	（动）	run wild
13. 葱花	cōnghuā	（名）	chopped scallions
14. 嗯	ǹg	（叹）	expressing admiration
15. 股	gǔ	（量）	measure word for air, smell;

whiff

16.	麻油	máyóu	（名）	sesame oil
17.	糖醋鱼块	tángcù yúkuài		fish chips seasoned with vinegar and sugar
18.	酸	suān	（形）	sour
19.	适中	shìzhōng	（形）	medium
20.	滑	huá	（形）	smooth; saute
21.	鱼刺	yúcì	（名）	fishbone
22.	粗心	cūxīn	（形）	careless; thoughtless
23.	丢人现眼	diū rén xiàn yǎn		make a fool of oneself
24.	理由	lǐyóu	（名）	excuse; reason
25.	牛仔衫	niúzǎishān	（名）	jean jacket
26.	该死	gāisǐ		damned

注　　释

（一）"怎么搞的"

表示惊讶、不满、责备。

It indicates that one feels surprised or resentful, and can be used as a form of blame.

  (1) 怎么搞的，都九点半了，还没来！

  (2) 又停电了，怎么搞的！

  (3) 你怎么搞的，把我的茶杯放到哪儿去了？

（二）"你不上去说说他们"

这里"说"的意思是"责备"、"批评"。带宾语。

Here "说" means "blame", "criticize". It is a transitive verb.

（三）"老样子"

这里的"老"指"没有变化，跟以前一样"。如：老时间/老地方/老办法。

Here "老" indicates "without change, the same as before". e.g.

  咱们明天老时间、老地方见面。

（四）"不像话"

166

意思是"不应该这样",认为某件事让人不能满意,不能忍受。用来表示不满或责怪。

It means "it should not be like this". It is used when the speaker feels that what somebody says or does is unreasonable, insensible, absurd, indicating resentment or blame.

    (1) 上班时间不好好工作,在一起玩电子游戏,真不像话!

    (2) 这孩子越来越不像话了,见了老师连招呼也不打!

(五)"我那邻居忙打招呼:'实在抱歉,……'"

这里"打招呼"是"表示道歉"的意思。

Here "打招呼" means "to say sorry to".

(六)"换出麻烦来了"

"出来"作补语,表示"产生"。

"出来" as a complement indicates "produce, emerge"

    (1) 新教材还没编出来。

    (2) 办法想出来了没有?

"换出麻烦来了"是说:因为换(衣服),结果产生了麻烦。又如:

"换出麻烦来了" means that "麻烦" comes in result of "换(衣服)". Another example:

    他喜欢唱歌,慢慢儿地,在学校里唱出名来了,大家都知道他唱得不错。

(七)"这该死的车,连吃了三个红灯"

这里"吃"是"遇到"的意思。

(八)"死心眼儿"

就是"不灵活"。

词 语 例 解

(一) ……起来,……下来

"起来"用在动词、形容词后面,其中的一个意思是,表示开始某个行为动作或出现某种状态,指出一种变化。如:

"起来" is used after a verb or an adjective to indicate a change, the start and continuation of an action or a state.

（1）他高兴得唱起歌来了。

（2）外面下起雨来了。

（3）他听了我的话，一下子高兴起来了。

"下来"表示动作或状态由动到静，由强到弱，由明到暗等的变化：

"下来" indicates the change from an active state to a static state, from a strong state to a weak state, from brightness into darkness, etc..

（4）汽车停下来了。

（5）天黑下来了。

比较：Compare：

响起来/轻下来　热起来/静下来

胖起来/瘦下来　亮起来/黑下来

（二）简直

强调几乎如此，带有夸张语气，表示程度高。

It is an emphatic expression meaning "simply, at all", which may imply exaggeration, to indicate a high degree.

（1）把汽车开得这么快，你简直疯了。

（2）王老师对她那么好，简直是把她当作了自己的女儿。

（3）消息太让人吃惊了，我简直不敢相信自己的耳朵。

（三）"辣了一点儿"

意思是"过分辣"。"形容词＋了＋一点儿"表示超过了某个标准、程度，因此不让人满意。

It means "过分辣". "形容词＋了＋一点儿" indicates dissatisfaction because of exceeding the bound or scope that is expected or acceptable.

（1）你写得小了一点儿，我看不清。

（2）这地方别的都不错，就是远了一点儿。

另外，"形容词＋了＋一点儿"也可以表示变化。

"形容词＋了＋一点儿" can also indicate that something has changed.

（3）刚才写得太大，现在写得小了一点儿了。

（4）他搬家以后，住得比以前远了一点儿了。

（四）不……不……

“不……不……”有几个意思。其中一个意思是：“如果不……，就不……”。

One of the meanings of the structure “不……不……” is：“如果不……，就不……”.

  （1）车不到站不让下。（如果车不到站，就不让（乘客）下车。）

  （2）他不问不开口。（如果别人不问他，他就不说话。）

  （3）这瓜不甜不要钱。（如果这瓜不甜，我就不要你的钱。）

（五）取了票又赶来了

  意思是：取了票以后又赶来了。“动词1＋ 了…… ＋ 动词2……”表示“动词1＋ 了……以后 ＋ 动词2……”，也就是说，“动词1＋ 了……”指明“动词2…”发生的时间。

  It means that 取了票以后又赶来了．“V1 ＋ 了 …… ＋ V2 ……” means the action of V2 takes place when the action of V1 is finished，i．e．“V1 ＋ 了 ……”tells us when the action of V2 takes place．

  （1）你明天吃了晚饭到我办公室来一下。

   （你明天吃了晚饭以后到我办公室来一下。）

  （2）昨天我看了电影就回家了。

   （昨天我看了电影以后就回家了。）

练 习

（一）替换

  1．味道还行，就是

| 辣了一点儿。 |
| 鱼刺太多了。 |
| 有点儿咸。 |

  2．他太

| 粗心大意 |
| 死心眼儿 |
| 不负责任 |

了。

  3．这简直是

| 胡闹。 |
| 胡说。 |
| 瞎搞。 |

4. 这 | 该死的车，
倒霉的天气，
讨厌的噪音， | 怎么又坏了。
天天下雨。
吵得人简直要发疯。

5. 怎么搞的! 怎么可以这样!
不像话!
岂有此理!

(二) 选择适当的词语填空

1. 刚才还好好的，突然下______雨______了。

2. 那个人叫什么名字，我怎么想不______了。

3. 让你写的文章，你到底写______了没有？

4. 再这么闹______，我要报警了。

5. 你心里有什么话就说______吧。

> 起来　下来
> 下去　出来

(三) 用括号里的词语完成句子

1. 夏天蚊子太多，__________________。(简直)

2. 这汤盐放多了，__________________(一点儿)。

3. 坐在我前面的两个人，__________________(又是……又是……)，搞得我根本听不清楚老师的话，真不像话!

4. A：糟糕!我把钱包落在出租车上了。

　　B：你怎么搞的，__________________!(太……了)

(四) 对话(不满)

1. 把一件让你很生气的事告诉你的朋友。

2. 你朋友约会迟到了，让你等了好久。他来了以后，你向他表示不满。

(五) 听力

1. 听对话,然后选择最合适的答案

(1) A. 他们还在上课

　　B. 这两个人现在在路上

　　C. 男的现在想回宿舍去

(2) A. 不喜欢问问题

B. 不爱谈话

C. 不喜欢回答他的问题

(3) A. 他不打孩子,因为孩子怕他

B. 有时候火了也打孩子

C. 孩子从来不胡闹

(4) A. 女的母亲要跟她说一件事

B. 女的母亲不爱跟她说话

C. 女的母亲不允许她很晚才回家

(5) A. 男的比以前老了

B. 女的变化很大

C. 两个人都没有变化

(6) A. 很滑　　　　B. 很挤　　　　C. 红灯多

(7) A. 坏了　　　　B. 忘了放糖　　　C. 搁了点儿醋

(8) A. 他们会把菜带去的

B. 到饭店买一点就行了

C. 大家一起准备饭菜

(9) A. 对学习不感兴趣

B. 晚上没休息好

C. 心情不愉快

(10) A. 应该说得轻一点

B. 应该大声点儿说

C. 说得太轻了

2. 听短文,判断下面的话对不对

(1) 我每天晚上可以免费听音乐会,我感到很高兴。

(2) 我的邻居影响了我休息,我很生气。

(3) 我一直不好意思给他们提意见。

(4) 我还没见过我的邻居。

(5) 昨天晚上我邻居家里到十二点才安静下来。

补 充 生 词

1. 负　　　　　fù　　　　　(动)　　　bear

2. 责任	zérèn	（名）	duty
3. 瞎搞	xiā gǎo		run wild; be mischievous
4. 讨厌	tǎoyàn	（动、形）	dislike; disagreeable; disgusting
5. 噪音	zàoyīn	（名）	noise
6. 发疯	fā fēng		go mad; go crazy
7. 岂有此理	qǐ yǒu cǐ lǐ		preposterous; outrageous

附　听力材料

1. 对话

（1）女：下了课去哪儿？

　　男：回宿舍。

　　问：从这段对话我们知道什么？

（2）女：你同屋怎么样？

　　男：他这人不问不开口，真没劲儿！

　　问：男的同屋怎么样？

（3）女：你在家里打孩子吗？

　　男：他一见我要发火，就不敢胡闹了。

　　问：男的是什么意思？

（4）女：时间不早了，我该走了。要不我妈又该说我了。

　　男：你妈也真是的，我妈从来不说我。

　　问：从这段对话我们知道什么？

（5）女：几年没见，你还是老样子。

　　男：你可变了不少。

　　问：从这段对话我们知道什么？

（6）女：下雪天，地上又结了冰，骑车小心点儿。

　　男：没事儿，我骑得慢一点就是了。

　　问：今天路上怎么样？

（7）男：怎么搞的，这菜的味道怎么酸酸的？是不是坏了？

　　女：他呀，什么菜都忘不了放点儿醋。

　　问：这菜的味道为什么是酸的？

（8）女：星期天上我家去吃饭怎么样？

　　　男：好啊，不过，别给你添麻烦，我们自己动手。

　　　问：男的是什么意思？

（9）女：我看他每次上课都打不起精神，怎么回事？

　　　男：他跟女朋友吵了一架，几天没说话了。

　　　问：他为什么上课没精神？

（10）女：说这么响干吗，让人听见。

　　　男：听见又怎么样！

　　　问：女的是什么意思？

2. 短文

　　住在我隔壁的那家人家，每天晚上在家里不是唱卡拉 OK 就是跳舞，不到十二点不休息。这可倒好，我每天免费听音乐会，不想听也得听。昨天晚上闹得更厉害了，一直唱到两点，害得我差点儿一宿没睡。从来没见过这种人，简直太不像话了。我跟他们说过好几次了，可他们每次都嘴上答应得好好的，心里根本不当一回事。如果今天晚上他们还这样的话，我就跟他们不客气了。

第十八课　我挺喜欢那儿

课　文

A

A：现在烟草公司的日子很不好过。

B：是啊，越来越多的人认识到吸烟有害健康，都主动抵制吸烟，或开始戒烟。

A：不少国家还立法，禁止在公共场所吸烟。

B：我很赞赏这样的法律。它使不少人免受烟害。

A：我也讨厌抽烟。那股烟味儿别提有多难闻了。我不抽烟，不过喜欢喝点儿酒。

B：你喜欢喝什么酒？

A：我喝一点儿黄酒。我不喜欢白酒这样的烈性酒。

B：我对烈性酒也不感兴趣。夏天的时候，我喜欢喝冰啤酒。只有和朋友在一起的时候，我才喝一点儿葡萄酒这样的果酒。

A：我也喜欢一边喝酒，一边聊天。

B：那别提有多快活了。

B

A：现在有规定，电子宠物不能带到学校去。

B：我喜欢这样的规定。上课的时候，一会儿鸡叫，一会
儿猫叫，该有多讨厌！

C：我也赞成这样的规定。如果家里养只小猫、小狗什
么的，倒是很有趣的。

D：我家里养了一只花猫，很可爱。每次我回到家，刚一
坐下，它就跳到我腿上，陪我看书读报，别提有多亲
热了。

C：我们家里养了三只猫，一只白猫，一只黑猫，还有一
只黄猫，长得跟小老虎差不多。那只黄猫最喜欢我
了，一看见我就"喵、喵"地叫个不停。

B：我们家以前也养过一只猫。但它把我们最心爱的一
盆花弄死后，我家就不养猫了。

A：狗就不那么淘气了。我们家养了一只大黄狗，从来
不弄坏东西，还帮我们看门呢。

D：我觉得北京的老大爷最有意思，手里提着个鸟笼，一
边和熟人打招呼，一边遛鸟，别提有多悠闲了。

C

A：你能告诉我，上海哪儿可以找到一块比较安静的地
方？

B：我想中央公园是个闹中取静的好地方。我挺喜欢那
儿。

A：你说的是浦东的中央公园吗？那确实是个好地方。
有时候，我真厌烦大都市的喧闹。

B：你不是在城市长大的吗？

A：不，我生在海边，长在海边。小时候，我喜欢看太阳
从海里升起，还喜欢看海鸟在蓝天上飞来飞去，有时
一个人躺在海滩上，静静地听着海浪的声音。

B：我是在山区长大的。每天起来就可以听到小鸟的叫

声。上学的路上到处是五颜六色的鲜花。长大以后，我向往城市生活。城市生活方便，文化气氛浓厚。

A：为让市民们能有一个良好的生活环境，上海现在越来越注重绿化建设。

B：所以啊，我也越来越喜欢上海了。

生　　词

1. 烟草　　　yāncǎo　　　（名）　　tobacco
2. 有害　　　yǒuhài　　　　　　　　harmful
3. 主动　　　zhǔdòng　　　（形）　　on one's own initiative
4. 抵制　　　dǐzhì　　　　（动）　　resist
5. 立法　　　lì fǎ　　　　　　　　　legislate
6. 公共场所　gōnggòng chǎngsuǒ　　public place
7. 赞赏　　　zànshǎng　　（动）　　admire; appreciate
8. 讨厌　　　tǎoyàn　　　（动、形）dislike
9. 烈性　　　lièxìng　　　（形）　　strong; stiff
10. 葡萄酒　　pútáojiǔ　　（名）　　grape wine
11. 果酒　　　guǒjiǔ　　　（名）　　wine
12. 快活　　　kuàihuo　　（形）　　happy; merry; cheerful
13. 规定　　　guīdìng　　（名、动）stipulation; stipulate
14. 电子宠物　diànzǐ chǒngwù　　　virtual pet; tamaggochi
15. 赞成　　　zànchéng　　（动）　　approve of; agree with
16. 陪　　　　péi　　　　（动）　　accompany
17. 喵　　　　miāo　　　（象声）　（onomatope）mew; miaow
18. 心爱　　　xīn'ài　　　（形）　　beloved; treasured
19. 盆　　　　pén　　　　（名）　　pot
20. 淘气　　　táoqì　　　（形）　　naughty
21. 看　　　　kān　　　　（动）　　take care of; keep watch on
22. 老大爷　　lǎodàye　　（名）　　uncle; grandpa (a

			respectful form of address
			for an elderly man)
23. 鸟笼	niǎolóng	（名）	birdcage
24. 遛	liù	（动）	walk (a bird, horse, etc.)
25. 悠闲	yōuxián	（形）	leisurely and carefree
26. 闹中取静	nào zhōng qǔ jìng		(a place) peaceful whithin
			a lively city
27. 厌烦	yànfán	（动）	be sick of; be fed up with
28. 喧闹	xuānnào	（形、动）	noise and excitememt
29. 海滩	hǎitān	（名）	seabeach
30. 海浪	hǎilàng	（名）	sea wave
31. 五颜六色	wǔ yán liù sè		of various colours
32. 气氛	qìfēn	（名）	atmosphere
33. 浓厚	nónghòu	（形）	dense; pronounced
34. 注重	zhùzhòng	（动）	lay stress on
35. 绿化	lǜhuà	（名）	making a place green
36. 环境	huánjìng	（名）	environment

专　　名

| 1. 中央公园 | Zhōngyāng Gōngyuán | the Central Park |
| 2. 浦东 | Pǔdōng | name of a place |

注　　释

（一）"别提有多难闻了"

这里"别提有多……了"表示程度很高。

Here "别提有多……了" indicates a high degree.

　　（1）每天又要洗衣服，又要做饭，又要照顾孩子，别提有多累了。

　　（2）那个公园真美，特别是那个湖，那一大片树林，别提有多棒了。

（二）"黄酒"、"白酒"、"啤酒"、"果酒"

这些都是中国常见的酒类。

These are the most common kinds of "酒" in China.

（三）"我不喜欢白酒这样的烈性酒"

这里把"白酒"作为"烈性酒"的一个例子。"a 这/那样的 M"表示举例说明，a 是 M 的一个具体例子。也可以说，"像 a 这/那样的 M"。

我最喜欢他这样的人。

（四）"狗就不那么淘气了"

这里的意思是说：(猫确实很淘气，)可是，如果是狗的话，那就不那么淘气了。

（五）"遛鸟"

一些中国人，特别是老人，喜欢养鸟。一般在早上，他们提着鸟笼，到公园或树林边散步，这叫"遛鸟"。在那儿可以一边听鸟叫，一边跟朋友聊天，或锻炼身体。在北京，这种情景常可见到。

A lot of Chinese people, especially the old, like to have a pet bird. Everyday, usually in the morning, they will have a walk in the park or along some woods, taking a bird cage with them, which is called "遛鸟儿". And they can have a chat with the old fellows and take some exercise there while listening to the singing of the birds in their cages. It is a common scenery especially in Beijing.

词 语 例 解

（一）越……越……，越来越

越……越……

The more ... the more ...

（1）汽车越开越快。

（2）课文越学越难了。

（3）你学得越多，就知道得越多。

（4）你越着急，我就越写不快。

越来越

More and more

(5) 天气越来越热了。

(6) 外面越来越暗, 马路上人也越来越少了。

(二) 一边……一边……

表示同时进行两种动作。

It indicates that two actions occur at the same time.

(1) 我喜欢一边做作业, 一边听音乐。

(2) 他一边想, 一边说。

(三) 一会儿……一会儿……

表示两种行为动作交替进行。

It means "now … now …", "one moment … the next …".

(1) 他一会儿哭, 一会儿笑, 是怎么啦?

(2) 他太忙了, 一会儿有人来找他, 一会儿有人打电话给他。

(四) 叫个不停

这里"不停"是补语, 但前面用"个", 不能用"得"。常见的有:

Here "不停" is the compliment of the verb. We have to use "个" instead of "得" before the compliment "不停". The pattern is:

动词 + 个 + 不停/不住/没完/……

(1) 妈妈见了女儿, 高兴得笑个不住。

(2) 现在是梅雨季节, 一天到晚雨下个不停。

(3) 女孩子们在一起, 总是说个没完。

(五) ……来……去

前后插入同一个动词, 表示来回移动、行动、多次重复。

A verb is placed before both "来" and "去" to mean "back and forth" or "moving repeatedly on the spot", or "do something over and over again".

(1) 他喜欢看小鸟在天上飞来飞去。

(2) 我每天晚上看见他带着他那条小狗在学校附近走来走去。

(3) 我想来想去, 总觉得这事不合适。

练　　习

(一) 替换

1. 我喜欢 | 喝冰啤酒。
跟孩子在一起。
我现在的职业。

2. 我们全家都爱 | 养花。
热闹。
逛街。

3. 我对 | 烈性酒
这件事
这种话题 | 不感兴趣。

4. 我讨厌 | 抽烟。
大都市的喧闹。
这种不讲社会公德的行为。

5. | 那烟味
跟朋友一边喝酒一边聊天,
那只猫每天陪我读书看报, | 别提有多 | 难闻
快活
亲热 | 了。

(二) 选择适当的词填空

1. 他们俩一见面就说________没完。

2. 狗的话就不会那么淘气________。

| 了 着 过 |
| 个 得 |

3. 他以前结________婚,后来离婚________。

4. 他们手里提________一个包,又说又笑地进来了。

5. 几年不见,他长________又高又大了。

(三) 用括号里的词语完成句子

1. 我喜欢热闹,跟朋友在一起,喝喝酒,聊聊天,________________________。(别提有多……)

2. 我最喜欢________________(……这样的动物),对人非常忠诚。

3. 他学习________________,成绩也________________。

180

　　　　（越来越……）

　　4. 你________________________，兴趣就________________________。

　　　　（越……越……）

（四）谈爱好

　　1. 谈谈你的爱好。

　　2. 你最讨厌什么?

　　3. 你喜欢不喜欢动物?

（五）听力

　　1. 听对话,然后选择最合适的答案

　　(1) A. 别抽烟了　　　　　B. 少抽点儿　　　　C.抽好点儿的

　　(2) A. 这孩子很聪明　　　B. 这孩子不聪明　　C. 这孩子不淘气

　　(3) A. 白酒　　　　　　　B. 葡萄酒　　　　　C. 啤酒

　　(4) A. 养花一点儿也不累

　　　　B. 他常去公园看花

　　　　C. 他觉得累一点没关系

　　(5) A. 他妹妹常来,已经熟悉了

　　　　B. 他妹妹喜欢一个人游览

　　　　C. 他妹妹讨厌去热闹的地方

　　(6) A. 没兴趣　　　　　　B. 没时间　　　　　C. 没钱

　　(7) A. 陈教授很年轻

　　　　B. 陈教授穿着相当随便

　　　　C. 陈教授现在替人看门

　　(8) A. 羡慕

　　　　B. 满意

　　　　C. 惊讶

　　(9) A. 海上　　　　　　　B. 海边城市　　　　C. 哪儿都行

　　(10) A. 都是在海边长大的

　　　　　B. 都是在远离海边的地方长大的

　　　　　C. 一个是在海边长大的,一个是在远离海边的地方长大的

　　2. 听短文,然后回答问题

　　(1) 为什么说我家是一个小型动物园?

　　(2) 我爸、我妈、我弟弟各养了什么动物?

(3) 我家的猫、狗和鸟互相关系怎么样, 它们跟我关系怎么样?

(4) 我养了什么?

补 充 生 词

1. 话题　　huàtí　　（名）　topic
2. 职业　　zhíyè　　（名）　profession
3. 逛街　　guàng jiē　　　　stroll around the streets
4. 社会　　shèhuì　　（名）　society
5. 公德　　gōngdé　　（名）　social morality
6. 行为　　xíngwéi　　（名）　behavior, conduct
7. 爱好　　àihào　　（名）　love; hobby
8. 忠诚　　zhōngchéng（形）　loyal; faithful

附　听力材料

1. 对话

(1) 女：吸烟有害健康, 你还是戒了吧。

　　男：我也想戒, 可就是习惯了, 不抽不行啊。

　　问：女的是什么意思?

(2) 女：这孩子, 太淘气了。

　　男：孩子嘛, 越聪明越淘气。

　　问：男的是什么意思?

(3) 女：你喝什么? 白酒, 葡萄酒, 还是啤酒?

　　男：我不喝烈性酒, 别的都随便。

　　问：男的不喝什么?

(4) 女：养花挺累的吧?

　　男：累是累点儿, 可是看着那一盆盆五颜六色的鲜花, 心里别
　　　　提有多快活了。

　　问：男的是什么意思?

(5) 女：你妹妹难得来一趟, 你明天就别去上课了, 陪你妹妹去市
　　　　中心看看吧。

男：没关系，她不喜欢让人陪着。

问：男的为什么不打算陪他妹妹上街？

（6）女：你不喜欢宠物吗？

男：谁说不喜欢？我一直在想，等我退休了，就养一条小狗。

问：男的现在为什么不养宠物？

（7）女：刚才那位就是陈教授。

男：是吗？我还以为他是个看门的老大爷呢。

问：从这段对话我们知道什么？

（8）女：你们学校的绿化搞得真好，我简直不想离开了。

男：那就常来玩吧。

问：女的对他们学校感到怎么样？

（9）女：快毕业了，你打算去哪儿工作？

男：哪儿能看到大海就去哪儿。

问：男的想要去哪儿工作？

（10）女：小时候，我常常躺在海滩上，听海浪的声音。

男：我长这么大，还没见过大海呢。

问：他们俩是在哪儿长大的？

2．短文

我家是一个小型动物园。我弟弟喜欢养狗，那只小黑狗整天跟着他跑来跑去。我妈爱养猫，白的、黄的、花的，一共养了三只猫。一到晚上，它们就陪着我妈看书写文章。我家里还有几只鸟，那是我爸养的。每天一大早，我爸就提着鸟笼上公园去遛鸟。什么，你说猫会吃鸟儿？哪儿的话，我家的猫啊、狗啊、鸟啊，互相亲热着呢，它们常常在一起聊天儿，我也一定参加。你问我养了什么？我呀，什么也没养，我怕麻烦。

词 汇 表

A

| 安家 | ān jiā | | settle down; set up a home | (14) |
| 安稳 | ānwěn | （形） | peaceful; sound | (14) |

B

把握	bǎwò	（名）	assurance; certainty	(5)
拜访	bàifǎng	（动）	visit (a polite form)	(1)
拜(师)	bài (shī)	（动）	acknowledge sb. as one's master; godfather; etc.	(8)
拜他为师			take him as one's teacher	
拜托	bàituō	（动）	request sb. to do sth.	(9)
般	bān	（助）	sort; kind; way	(5)
办理	bànlǐ	（动）	handle; do; go through	(16)
棒	bàng	（形）	good; fine; excellent	(1)
包	bāo	（动）	undertake the whole thing	(11)
保	bǎo	（动）	guarantee; ensure	(10)
保龄球	bǎolíngqiú	（名）	bowling	(15)
保重	bǎozhòng	（动）	take good care of oneself	(6)
抱歉	bàoqiàn	（形）	sorry; apologetic	(9)

184

报警	bào jǐng		call the police	(17)
本来	běnlái	（形）	original	(14)
必须	bìxū	（副）	must	(16)
拨	bō	（动）	stire; poke; turn	(9)
柄	bǐng	（名）	handle	(9)
播音员	bōyīnyuán	（名）	announcer	(16)
补	bǔ	（动）	make up for	(13)
不见不散	bú jiàn bú sàn		(set phrase)	(3)
不像话	búxiànghuà		shocking; outrageous	(17)
不然	bùrán	（连）	otherwise	(11)

C

猜	cāi	（动）	guess	(12)
彩电	cǎidiàn	（名）	color TV	(7)
菜单	càidān	（名）	menu	(15)
灿烂	cànlàn	（形）	splendid; magnificent	(8)
场面	chǎngmiàn	（名）	scene; spectacle	(12)
超出	chāochū	（动）	exceed	(16)
潮水	cháoshuǐ	（名）	tidewater	(12)
吵	chǎo	（动）	make a noise	(7)
炒面	chǎomiàn	（名）	fried noodles	(15)
车厢	chēxiāng	（名）	carriage; coach	(16)
称心如意	chèn xīn rú yì		satisfactory	(5)
称呼	chēnghu	（动）	call; address	(1)
诚意	chéngyì	（名）	good faith; sincerity	(3)
吃惊	chī jīng		be surprised; be startled	(12)
尺码	chǐmǎ	（名）	size	(7)
抽空	chōu kòng		manage to find time	(3)
愁	chóu	（动）	worry; be anxiouse	(15)

筹备	chóubèi	（动）	prepare; arrange	(3)
厨师	chúshī	（名）	chef	(3)
穿	chuān	（动）	pierce through	(17)
传真机	chuánzhēnjī	（名）	fax machine	(15)
喘	chuǎn	（动）	breathe (deeply); gasp	(5)
吹风	chuīfēng		dry(hair) with a blower	(10)
葱	cōng	（名）	scallion; onion; shallot	(15)
葱花	cōnghuā	（名）	chopped scallions	(17)
粗心	cūxīn	（形）	careless; thoughtless	(17)

D

答应	dāying	（动）	agree; promise; comply with	(17)
打	dǎ	（介）	from	(13)
打拳	dǎ quán		do shadow-boxing	(8)
打扰	dǎrǎo	（动）	disturb; trouble	(6)
大意	dàyì	（形）	careless	(9)
大失所望	dà shī suǒ wàng		greatly disappointed	(10)
呆	dāi	（动）	stay	(7)
单位	dānwèi	（名）	unit	(5)
单行道	dānxíngdào	（名）	one-way road	(9)
耽误	dānwù	（动）	delay; hold up	(16)
担心	dān xīn		worry	(11)
但愿	dàn yuàn		if only; I wish	(5)
倒霉	dǎo méi		out of luck	(13)
导师	dǎoshī	（名）	tutor of postgraduates	(1)
到底	dàodǐ	（副）	at last; after all	(4)
迪斯科	dísīkē	（名）	disco	(15)
抵制	dǐzhì	（动）	resist	(18)

186

地道	dìdao	（形）	genuine; pure; well-done	(13)
点	diǎn	（动）	order; a la carte	(15)
电脑	diànnǎo	（名）	computer	(2)
电子宠物	diànzǐ chǒngwù		virtual pet; tamaggochi	(18)
电子邮件	diànzǐ yóujiàn		e-mail	(6)
惦记	diànjì	（动）	remember with concern	(13)
掉头	diàotóu		make a U-turn	(9)
跌	diē	（动）	fall; tumble	(13)
丢人现眼	diū rén xiàn yǎn		make a fool of oneself	(17)
东奔西跑	dōng bēn xī pǎo		run around here and there	(5)
豆（子）	dòu(zi)	（名）	bean; peas	(11)
堵	dǔ	（动）	block up; stop up	(9)
端	duān	（动）	hold sth. level with both hands; carry	(12)
对手	duìshǒu	（名）	opponent	(5)
多亏	duōkuī	（副）	thanks to; luckily	(2)
多云	duōyún		cloudy	(7)

F

发火	fā huǒ		get angry; flare up	(17)
发胖	fāpàng	（动）	put on weight	(11)
房租	fángzū	（名）	rent for a house	(7)
费心	fèi xīn		give a lot of care	(2)
分享	fēnxiǎng	（动）	share	(5)
风景	fēngjǐng	（名）	scenery; landscape	(14)

G

| 该死 | gāisǐ | | damned | (17) |
| 改进 | gǎi jìn | （动） | improve; make better | (10) |

干吹	gān chuī		blow-dry without oil	(10)
干脆	gāncuì	（形）	simply; just; altogether	(3)
赶	gǎn	（动）	try to catch; rush for	(9)
感受	gǎnshòu	（动）	experience; feel	(5)
干吗	gànmá		whatever for; why on earth	(2)
刚好	gānghǎo	（形）	just right	(6)
高峰	gāofēng	（名）	peak	(12)
高架	gāojià	（名）	elevated highway	(9)
告辞	gàocí	（动）	take leave (of one's host)	(6)
搁	gē	（动）	put; leave	(2)
工程	gōngchéng	（名）	engineering	(15)
工艺品	gōngyìpǐn	（名）	arts and crafts	(12)
功课	gōngkè	（名）	schoolwork	(13)
恭喜	gōngxǐ	（动）	congratulate	(3)
公共场所	gōnggòng chǎngsuǒ		public place	(18)
估计	gūjì	（动）	estimate	(8)
鼓劲	gǔ jìn		bring one's drive into full play	(5)
鼓励	gǔlì	（名、动）	encourage; urge	(13)
古老	gǔlǎo	（形）	ancient; age-old	(8)
股	gǔ	（量）	measure word for air, smell; whiff	(17)
故意	gù yì	（形）	on purpose	(9)
拐弯	guǎi wān		turn a corner	(9)
怪	guài	（动）	blame	(9)
关闭	guānbì	（动）	close; turn off	(16)
观赏	guānshǎng	（动）	enjoy the sight of	(12)
惯	guàn	（形）	be used to	(13)
光临	guānglín	（动）	presence (of a guest)	(2)

光阴似箭	guāngyīn sì jiàn		time flies like an arrow	(14)
广帮	guǎngbāng	（名）	Cantonese style	(3)
规定	guīdìng	（名、动）	stipulation; stipulate	(18)
归功	guīgōng		give the credit to	(5)
锅	guō	（名）	pot; pan; boiler	(10)
国籍	guójí	（名）	nationality	(4)
果酒	guǒjiǔ	（名）	wine	(18)
过意不去	guò yì bú qù		feel apologetic; feel sorry	(2)

H

海关	hǎiguān	（名）	customhouse	(6)
海浪	hǎilàng	（名）	sea wave	(18)
海滩	hǎitān	（名）	seabeach	(18)
汉学家	hànxuéjiā	（名）	Sinologist	(14)
好运	hǎo yùn		good luck	(16)
好客	hàokè	（形）	hospitable	(6)
号码	hàomǎ	（名）	number	(1)
红烧	hóngshāo	（动）	stew with soy sauce	(12)
后会有期	hòu huì yǒu qī		we'll meet again some day	(6)
呼吸	hūxī	（动）	breathe; respire	(13)
胡闹	húnào	（动）	run wild	(17)
护照	hùzhào	（名）	passport	(4)
滑	huá	（形）	smooth; saute	(17)
环境	huánjìng	（名）	environment	(18)
恢复	huīfù	（动）	recover	(13)
灰心丧气	huī xīn sàng qì		be utterly disheartened	(13)
货	huò	（名）	goods	(10)

J

| 基础 | jīchǔ | （名） | foundation; base; basis | (8) |

机会	jīhuì	（名）	chance; opportunity	(6)
机遇	jīyù	（名）	favourable circumstances	(14)
集合	jíhé	（动）	gather	(9)
及时	jíshí	（形）	in time	(10)
季节	jìjié	（名）	season	(7)
纪律	jìlǜ	（名）	discipline	(16)
夹	jiā	（动）	pick up with chopsticks; grip	(11)
家常便饭	jiācháng biànfàn		homely food; simple meal	(2)
加倍	jiābèi	（副）	double; redouble	(13)
煎	jiān	（动）	fry in shallow oil	(12)
简直	jiǎnzhí	（副）	simply; at all	(17)
剪纸	jiǎnzhǐ	（名）	scissor-cut; paper-cut	(12)
建筑	jiànzhù	（名）	building; structure	(14)
讲究	jiǎngjiu	（动）	be particular about; stress	(12)
奖	jiǎng	（名）	prize	(5)
奖学金	jiǎngxuéjīn	（名）	scholarship	(14)
胶卷	jiāojuǎn	（名）	roll film	(4)
教授	jiàoshòu	（名）	professor	(1)
教务科	jiàowùkē	（名）	academic affair office	(16)
尽管	jǐnguǎn	（副）	feel free to; not hesitate to	(2)
尽量	jǐnliàng	（副）	to the best of one's ability; as far as possible	(14)
惊呆	jīng dāi		be stupefied	(12)
惊喜	jīngxǐ	（形）	pleasantly surprised	(12)
惊讶	jīngyà	（形）	being surprised; being amazed	(12)
精美	jīngměi	（形）	exquisite; elegant	(5)
经济舱	jīngjìcāng		economy-class cabin	(4)

经历	jīnglì	（名）	experience	（12）
竟然	jìngrán	（副）	unexpectedly; actually	（12）
镜子	jìngzi	（名）	mirror; looking glass	（10）
酒会	jiǔhuì	（名）	cocktail party	（3）
居留证	jūliúzhèng	（名）	residence permit	（16）
具体	jùtǐ	（形）	specific; particular	（8）
卷	juǎn	（量）	(measure word)	（4）
绝对	juéduì	（形）	absolute; by any means	（16）
决赛	juésài	（名）	finals	（5）

K

卡拉OK	kǎlā'ōukèi	（名）	karaoke	（15）
开张	kāi zhāng		open a business	（3）
看	kān	（动）	take care of; keep watch on	（18）
看望	kànwàng	（动）	call on; visit	（13）
康复	kāngfù	（动）	be well again	（13）
考场	kǎochǎng	（名）	examination room	（16）
烤	kǎo	（动）	bake	（12）
烤鸭	kǎoyā	（名）	roast duck	（15）
靠	kào	（动）	be near; lean against	（7）
靠	kào	（动）	rely on	（14）
刻	kè	（动）	engrave; carve	（12）
肯	kěn	（助动）	be willing to; be ready to	（14）
空调	kōngtiáo	（名）	air conditioner	（7）
恐怕	kǒngpà	（副）	perhaps; I'm afraid	（11）
空儿	kòngr	（名）	free time; spare time	（1）
口味	kǒuwèi	（名）	a person's taste	（2）
快活	kuàihuo	（形）	happy; merry; cheerful	（18）
款待	kuǎndài	（动）	entertain	（2）

L

拉面	lāmiàn	（名）	hand-made noodles	(13)
落	là	（动）	lag behind	(13)
辣	là	（形）	hot; peppery	(15)
懒	lǎn	（形）	lazy	(14)
老大爷	lǎodàye	（名）	uncle; grandpa (a respectful form of address for an elderly man)	(18)
雷阵雨	léizhènyǔ		thunder shower	(7)
冷清	lěngqing	（形）	cold and cheerless; lone	(6)
理由	lǐyóu	（名）	excuse; reason	(17)
立法	lì fǎ		legislate	(18)
厉害	lìhai	（形）	terrible; formidable	(17)
聊	liáo	（动）	chat	(3)
聊天	liáo tiān		chat	(14)
列车员	lièchēyuán	（名）	conductor (on a train)	(16)
烈性	lièxìng	（形）	strong; stiff	(18)
淋	lín	（动）	drench	(9)
邻居	línjū	（名）	neighbour	(17)
铃	líng	（名）	bell	(16)
留步	liúbù	（动）	don't bother to see me out	(6)
流行	liúxíng	（动）	like and admire; popular with sb.	(10)
遛	liù	（动）	walk (a bird, horse, etc.)	(18)
楼板	lóubǎn	（名）	ceiling	(17)
旅客	lǚkè	（名）	passenger; hotel guest	(14)
绿化	lǜhuà	（名）	making a place green	(18)
落汤鸡	luòtāngjī		like a drowned rat	(9)

192

M

麻婆豆腐	mápó dòufu		bean curd with minced pork in chilli sauce	(15)
麻油	máyóu	（名）	sesame oil	(17)
没精打采	méi jīng dǎ cǎi		listless; out of sorts	(13)
媒体	méitǐ	（名）	media	(10)
梅雨	méiyǔ	（名）	the plum intermittent drizzles	(7)
美食街	měishí jiē		food stands	(15)
闷热	mēnrè	（形）	sultry	(7)
门	mén	（量）	measure word for subject	(8)
门路	ménlu	（名）	social connections	(11)
闷闷不乐	mèn mèn bú lè		depressed; in low spirits	(13)
梦想成真	mèngxiǎng chéng zhēn		fond dreams become a reality	(5)
迷路	mí lù		get lost	(9)
免	miǎn	（动）	dispense with	(3)
免费	miǎnfèi		free of charge	(10)
面人	miànrén	（名）	dough figurine	(12)
面试	miànshì	（动）	interview	(5)
喵	miāo	（象声）	(onomatope) mew; miaow	(18)
民间	mínjiān	（名）	folk, among the people	(12)
民乐	mínyuè	（名）	music, esp. folk music, for traditional instruments	(11)
名片	míngpiàn	（名）	calling card; visiting card	(1)
母	mǔ	（名）	mother	(13)
目瞪口呆	mù dèng kǒu dāi		one's eyes popped and mouth opened with surprise	(12)

N

拿手	náshǒu	（形）	adept; good at	(15)
难怪	nánguài	（连）	no wonder; understandable	(7)
闹	nào	（动）	make a noise	(17)
闹钟	nàozhōng	（名）	alarm clock	(9)
闹中取静	nào zhōng qǔ jìng		(a place) peaceful within a lively city	(18)
嫩	nèn	（形）	tender	(11)
嗯	ǹg	（叹）	expressing admiration	(17)
鸟笼	niǎolóng	（名）	birdcage	(18)
牛仔衫	niúzǎishān	（名）	jean jacket	(17)
浓厚	nónghòu	（形）	dense; pronounced	(18)
弄	nòng	（动）	do; manage; handle; make	(9)

P

爬	pá	（动）	climb	(13)
牌子	páizi	（名）	brand	(10)
盘	pán	（名）	plate	(11)
胖	pàng	（形）	fat; stout; plump	(7)
盼望	pànwàng	（动）	hope for; look forward to	(8)
陪	péi	（动）	accompany	(18)
盆	pén	（名）	pot	(18)
披露	pīlù	（动）	make public; disclose	(10)
皮蛋豆腐	pídàn dòufu		cold bean curd topped with lime egg, etc.	(11)
皮肤	pífū	（名）	skin	(7)
票务中心	piàowù zhōngxīn		booking office	(4)

品种	pǐnzhǒng	（名）	variety; assortment	(10)
破费	pòfèi	（动）	go to some expense	(6)
葡萄酒	pútáojiǔ	（名）	grape wine	(18)
铺位	pùwèi	（名）	berth	(16)

Q

齐	qí	（形）	all present; all ready	(9)
起飞	qǐfēi	（动）	take off	(6)
气氛	qìfēn	（名）	atmosphere	(18)
气派	qìpài	（形、名）	brilliant; manner; style	(15)
气色	qìsè	（名）	complexion; colour	(13)
气势	qìshì	（名）	momentum	(4)
签名	qiān míng		sign one's name; auto-graph	(16)
谦虚	qiānxū	（形）	modest	(8)
茄汁大虾	qiézhī dàxiā		fried prawns in tornaro sauce	(15)
青豆	qīngdòu	（名）	green peas	(11)
清淡	qīngdàn	（形）	light	(10)
清蒸	qīngzhēng	（动）	steam	(12)
请假条	qǐngjiàtiáo	（名）	written request for leave	(16)
请柬	qǐngjiǎn	（名）	invitation card	(3)
请教	qǐngjiào	（动）	ask for advice; consult	(4)
庆贺	qìnghè	（动）	celebrate; congratulate	(3)
驱蚊器	qūwénqì	（名）	mosquito repellant	(11)
确实	quèshí	（副）	really; indeed	(11)

R

| 绕圈子 | rào quānzi | | make a detour | (9) |

人才	réncái	（名）	a person of ability	（5）
人群	rénqún	（名）	crowd	（12）
人山人海	rén shān rén hǎi		huge crowds of people	（12）
日程	rìchéng		schedule; programme	（14）
入乡随俗	rù xiāng suí sú		do in Rome as the Romans do	（13）

S

扫兴	sǎoxìng		have one's spirits dam-pened; feel disappointed	（10）
晒	shài	（动）	get sun	（13）
商量	shāngliang	（动）	discuss; consult	（8）
上门	shàng mén		come to one's home	（10）
稍微	shāowēi	（副）	slightly; a little	（10）
勺子	sháozi	（名）	ladle; spoon	（11）
折	shé	（动）	break	（9）
蛇	shé	（蛇）	snake	（12）
生气	shēng qì	（动）	get angry	（10）
省	shěng	（动）	save; economize	（14）
盛情	shèngqíng	（名）	lavish hospitality	（2）
失败	shībài	（动、名）	fail; failure	（13）
失望	shīwàng	（形）	disappointed	（10）
什锦炒饭	shíjǐn chǎofàn		fried rice with assorted meat	（15）
时刻表	shíkèbiǎo		time table	（14）
实行	shíxíng	（动）	carry out	（10）
实在	shízài	（副）	really; indeed; honestly	（2）
石章	shízhāng	（名）	stone chop	（12）
适合	shìhé	（动）	suit; fit	（13）

事先	shìxiān	（名）	in advance; beforehand	(11)
适中	shìzhōng	（形）	medium	(17)
收获	shōuhuò	（名）	results; gains	(4)
收集	shōují	（动）	collect; gather	(4)
首场	shǒu chǎng		first (performance) pre-miere	(11)
手册	shǒucè	（名）	handbook; manual	(16)
手机	shǒujī	（名）	mobile phone	(16)
手续	shǒuxù	（名）	formalities; procedure	(16)
手艺	shǒuyì	（名）	craftsmanship; skill	(2)
瘦	shòu	（形）	thin; slim	(7)
寿比南山	shòu bǐ nánshān		longevity exceeding Southern Mountain	(5)
受累	shòu lèi		be put to much trouble	(2)
数	shǔ	（动）	be reckoned as	(13)
数得上	shǔ de shàng		be reckoned as out-standing	(3)
术语	shùyǔ	（名）	term	(15)
帅	shuài	（形）	handsome; smart; bea-utiful	(7)
水饺	shuǐjiǎo	（名）	boiled dumplings	(15)
睡着	shuì zháo		fall asleep	(8)
顺便	shùnbiàn	（副）	conveniently; in passing	(4)
顺利	shùnlì	（形）	successful; smooth	(6)
说明书	shuōmíngshū	（名）	guide booklet	(15)
松子黄鱼	sōngzǐ huángyú		fried yellow fish with pine kernels and sauce	(11)
酸	suān	（形）	sour	(17)

T

台风	táifēng	（名）	typhoon	(7)
太极拳	tàijíquán	（名）	shadowboxing	(8)
糖醋鱼块	tángcù yúkuài		fish chips seasoned with vinegar and sugar	(17)
淘气	táoqì	（形）	naughty	(18)
讨厌	tǎoyàn	（动、形）	dislike	(18)
特意	tèyì	（副）	for a special purpose	(2)
T 恤衫	tīxùshān	（名）	T-shirt	(7)
提	tí	（动）	put forward	(5)
提前	tíqián	（动）	move up (a date, time)	(3)
提议	tíyì	（动）	propose; suggest	(5)
替	tì	（介）	for; on befalf of	(1)
添	tiān	（动）	add; increase	(15)
同屋	tóngwū	（名）	roommate	(1)
头等舱	tóuděngcāng		first-class cabin	(4)
推车	tuīchē	（名）	cart	(6)
推迟	tuīchí	（动）	put off; postpone	(14)

W

外人	wàirén	（名）	outsider; stranger	(6)
万事如意	wànshì rú yì		everything goes well	(5)
王国	wángguó	（名）	kingdom	(12)
网球	wǎngqiú	（名）	tennis; tennis ball	(1)
蚊子	wénzi	（名）	mosquito	(11)
舞剑	wǔ jiàn		do swordplay	(8)
五颜六色	wǔ yán liù sè		of various colours	(18)
武术	wǔshù	（名）	martial arts	(8)

| 误 | wù | （动） | miss; be late | (9) |
| 物品 | wùpǐn | （名） | articale; goods; things | (16) |

X

洗衣机	xǐyījī	（名）	washing machine	(10)
吸引	xīyǐn	（动）	attract; draw; fascinate	(8)
西瓜	xīguā	（名）	water melon	(6)
虾仁	xiārén	（名）	shelled shrimps	(11)
虾肉馄饨	xiāròu húntun		dumplings filled with shrimp and pork	(14)
鲜美	xiānměi	（形）	delicious; tasty	(12)
闲	xián	（形）	stay idle	(10)
羡慕	xiànmù	（动）	admire; envy	(14)
向往	xiàngwǎng	（动）	yearn for; look forward to	(16)
小吃	xiǎochī	（名）	snack; refreshments	(14)
小笼包子	xiǎolóng bāozi		Xiaolong dumplings	(14)
携带	xiédài	（动）	carry; take along	(16)
泄气	xiè qì		lose heart; discouraging	(13)
心爱	xīn'ài	（形）	beloved; treasured	(18)
心想事成	xīn xiǎng shì chéng		all wishes come true	(5)
心眼儿	xīnyǎnr	（名）	heart; mind	(13)
新居	xīnjū	（名）	new home	(11)
欣赏	xīnshǎng	（动）	appreciate; enjoy	(11)
信心百倍	xìnxīn bǎibèi		full of confidence	(5)
兴奋	xīngfèn	（形）	excited	(8)
行李厢	xínglixiāng	（名）	luggage compartment	(9)
醒	xǐng	（动）	wake up	(7)
雄伟	xióngwěi	（形）	imposing; magnificent	(4)

雄心壮志	xióngxīn zhuàngzhì		lofty aspirations and great ideals	(14)
修	xiū	（动）	trim; prune; manicure	(10)
宿	xiǔ	（量）	measure word for nights	(17)
虚假	xūjiǎ	（形）	false; sham	(10)
喧闹	xuānnào	（形、动）	noise and excitememt	(18)
学历	xuélì	（名）	record of formal schooling	(5)
学生证	xuéshēng zhèng	（名）	student ID	(16)
学业	xuéyè	（名）	one's studies	(14)
寻呼机	xúnhūjī	（名）	beeper	(4)
询问	xúnwèn	（动）	inquire	(4)

Y

烟草	yāncǎo	（名）	tobacco	(18)
研究生	yánjiūshēng	（名）	postgraduate student	(1)
盐	yán	（名）	salt	(10)
严禁	yánjìn	（动）	prohibit	(16)
厌烦	yànfán	（动）	be sick of; be fed up with	(18)
洋弟子	yángdìzǐ		foreign disciple, puple, etc.	(8)
养	yǎng	（动）	raise; keep; grow	(6)
痒	yǎng	（形）	itch; tickle	(8)
邀请	yāoqǐng	（名）	invitation	(3)
舀	yǎo	（动）	spoon up; ladle out	(11)
要不	yàobù	（连）	otherwise	(2)
夜宵	yèxiāo	（名）	midnight snack	(15)
一路平安	yílù píng'ān		have a pleasant journey	(6)
一路顺风	yílù shùnfēng		have a good trip	(6)
一切	yíqiè	（形、代）	all; every; everything	(8)

一言为定	yì yán wéi dìng		that's settled then	(3)
以为	yǐwéi	（动）	think	(9)
易爆	yì bào		explosive	(16)
易燃	yì rán		inflammable	(16)
艺人	yìrén	（名）	handicraftsman; artisan	(12)
因此	yīncǐ	（连）	therefore; for this reason	(16)
意外	yìwài	（名）	accident; misshap	(9)
饮料	yǐnliào	（名）	beverage	(15)
涌	yǒng	（动）	pour; well up	(12)
优惠	yōuhuì	（形）	favourable	(15)
悠久	yōujiǔ	（形）	long-standing; age-old	(8)
悠闲	yōuxián	（形）	leisurely and carefree	(18)
油	yóu	（名）	oil	(10)
由	yóu	（介）	from	(9)
有害	yǒu hài		harmful	(18)
有幸	yǒuxìng	（形）	have an honour	(1)
于	yú	（介）	(preposition)	(3)
鱼刺	yúcì	（名）	fishbone	(17)
鱼香肉丝	yúxiāng ròusī		saute shredded pork in hot sause	(15)
预报	yùbào	（名）	forecast	(7)
预订	yùdìng	（动）	book (tickets)	(4)
愿望	yuànwàng	（名）	wish; desire	(8)
乐团	yuètuán	（名）	orchestra	(11)
允许	yǔnxǔ	（动）	permit; allow	(16)

Z

| 杂技 | zájì | （名） | acrobatics | (3) |
| 灾害 | zāihài | （名） | disaster; calamity | (7) |

赞成	zànchéng	（动）	approve of; agree with	(18)
赞赏	zànshǎng	（动）	admire; appreciate	(18)
糟	zāo	（形）	bad; poor	(7)
增加	zēngjiā	（动）	add; increase	(10)
扎实	zhāshi	（形）	solid; down-to-earth	(8)
炸	zhá	（动）	deep fry	(12)
榨菜肉丝	zhàcài ròusī		shredded pork and hot pickled mustard greens	(13)
展览会	zhǎnlǎnhuì	（名）	exhibition; show	(12)
招待所	zhāodàisuǒ	（名）	entertain house	(14)
招呼	zhāohu	（动）	call; notify	(15)
照	zhào	（介）	according to	(10)
照料	zhàoliào	（动）	take care of	(2)
折	zhé	（名）	discount	(15)
震惊	zhènjīng	（名）	shock	(12)
之	zhī	（助）	(particle)	(13)
芝麻烧饼	zhīma shāobǐng		sesame griddle cake	(14)
指教	zhǐjiào	（动）	give advice or comments	(1)
质量	zhìliàng	（名）	quality	(10)
志气	zhìqì	（名）	aspiration; ambition	(14)
致谢	zhìxiè	（动）	extend thanks to	(2)
衷心	zhōngxīn	（形）	heartfelt; wholehearted	(5)
终于	zhōngyú	（副）	at long last; finally	(2)
粥	zhōu	（名）	gruel (made of rice, etc.)	(2)
主动	zhǔdòng	（形）	on one's own initiative	(18)
煮	zhǔ	（动）	boil	(12)
祝贺	zhùhè	（动）	congratulate	(5)
祝愿	zhùyuàn	（动、名）	wish	(5)
注重	zhùzhòng	（动）	lay stress on	(18)

抓紧	zhuā jǐn		firmly grasp; pay close attention to	(8)
专业	zhuānyè	（名）	speciality	(1)
转	zhuǎn	（动）	change; turn; shift	(7)
转眼	zhuǎnyǎn		in an instant; in a flash	(14)
准	zhǔn	（副）	definitely; certainly	(9)
准考证	zhǔnkǎo zhèng	（名）	examination permit	(16)
资料	zīliào	（名）	data; material	(4)
自我	zìwǒ	（代）	self; oneself	(1)
总	zǒng	（副）	anyway; after all	(7)
足够	zúgòu	（形）	enough; sufficient	(14)
遵守	zūnshǒu	（动）	observe; abide by	(9)
做伴	zuò bàn		keep sb. company	(16)

专　　名

B

| 北京大学 | Běijīng Dàxué | Beijing University | (14) |
| 兵马俑博物馆 | Bīngmǎyǒng Bówùguǎn | Stone Army Museum | (4) |

C

| 长城 | Chángchéng | the Great Wall | (9) |

D

| 大雁塔 | Dàyàn Tǎ | Big Goose Pagoda | (4) |
| 东航 | Dōngháng | MU | (4) |

G

| 国旅 | Guólǚ | CITS | (4) |

H

韩(国)	Hán (guó)	Korea	(8)
杭州	Hángzhōu	name of a cityda	(2)
河南杂技团	Hénán Zájìtuán	Henan Acrobatic Troupe	(3)
虹桥机场	Hóngqiáo Jīchǎng	Hongqiao Airport	(16)
花园饭店	Huāyuán Fàndiàn	Garden Hotel	(3)
黄浦江	Huángpǔ Jiāng	Huangpu River	(4)
黄山	Huáng Shān	Yellow Mountain	(2)

J

| 加拿大 | Jiānádà | Canada | (1) |

K

| 昆明 | Kūnmíng | name of a city | (7) |

L

蓝屋餐厅	Lánwū Cāntīng	Blue House Restaurant	(3)
老饭店	Lǎo Fàndiàn	Old Town Restaurant	(14)
李明强	Lǐ Míngqiáng	name of a person	(1)
林海德	Lín Hǎidé	name of a person	(1)
刘江	Liú Jiāng	name of a person	(1)

M

木村信中	Mùcūn Xìnzhōng	name of a person	(1)

N

南京路	Nánjīng Lù	Nanjing Road	(12)

P

浦东	Pǔdōng	name of a place	(18)

Q

钱大牛	Qián Dàniú	name of a person	(1)

R

日航	Rìháng	JAL	(4)

S

《上海文化报》	Shànghǎi Wénhuà Bào	*Shanghai Culture*	(11)

T

唐朝	Táng Cháo	the Tang Dynasty (618 年—907 年)	(14)

W

外滩	Wàitān	the Bund in Shanghai	(4)
吴双	Wú Shuāng	name of a person	(1)

X

西安	Xī'ān	name of a city	(4)
西北大学	Xīběi Dàxué	Northwest University	(14)
香港	Xiānggǎng	Hong Kong	(6)
小雁塔	Xiǎoyàn Tǎ	Small Goose Pagoda	(4)

Y

| 豫园 | Yùyuán | Yu Garden | (14) |

Z

| 中央公园 | Zhōngyāng Gōngyuán | the Central Park | (18) |

参 考 答 案

第 一 课

（二） 1.姓,叫　2.称呼　3.是

（三） 1.怎么称呼您

　　　 我叫李月明,木子李,月亮的月,明亮的明

　　　2.认识您我很高兴

　　　 我也很高兴

　　　3.今天有幸认识您,我很高兴

（五） 1.（1）B　（2）A　（3）B　（4）A　（5）C

　　　 （6）C　（7）C　（8）B　（9）B　（10）C

　　　2.（1）B　（2）C　（3）A　（4）A　（5）C

　　　 （6）A　（7）A

第 二 课

（二） 1.（1）谢谢　（2）感谢　（3）致谢

　　　2.（1）不客气　（2）太客气　（3）别客气

（三） 1.过意不去

　　　2.大饱口福

　　　3.不方便

　　　4.不好意思

5．添麻烦

（五）　1．（1）B　（2）C　（3）B　（4）A　（5）C
　　　　　（6）C　（7）C　（8）A　（9）A　（10）C
　　　　2．（1）陪　医院
　　　　　（2）修改　汉语
　　　　　（3）电脑
　　　　　（4）款待

第 三 课

（二）　1．坐坐　2．聊聊　3．尝尝
　　　　4．看　5．吃　6．光临
（三）　1．吃饭就免了
　　　　2．我请客
　　　　3．不必客气，我自己去吧
（五）　1．（1）A　（2）C　（3）B　（4）B　（5）B
　　　　　（6）C　（7）B　（8）B　（9）A　（10）B
　　　　2．（1）×　（2）√　（3）×　（4）√

第 四 课

（二）　1．（1）○　（2）吗　（3）吧　（4）呢
　　　　2．（1）多长　（2）多高　（3）多长时间　（4）多远　（5）多大
（三）　1．长城的气势一定很雄伟吧
　　　　2．我能请教您一个问题吗
　　　　3．打听一下，这儿能预订机票吗
　　　　4．看来，你对照相很感兴趣
（五）　1．（1）A　（2）C　（3）B　（4）A　（5）C
　　　　　（6）C　（7）A　（8）C　（9）A　（10）B
　　　　2．（1）A　（2）A　（3）C　（4）B

第　五　课

（二）　1．你的生日

　　　　2．你汉语比赛得了奖

　　　　3．我们大家学习进步、工作顺利

　　　　4．各位的健康

（三）　1．衷心祝愿大家身体健康、万事如意

　　　　2．预祝你取得成功

　　　　3．这应该归功于我们的老师和同学们。

　　　　4．但愿如此

（五）　1．（1）C　（2）A　（3）B　（4）B　（5）A

　　　　　（6）B　（7）C　（8）C　（9）A　（10）A

　　　　2．（1）三　（2）一　（3）好多　（4）建议

　　　　　（5）鼓劲加油

第　六　课

（二）　1．都　2．才,再　3．可　4．就　5．还

（三）　1．打扰你们半天了,我该走了

　　　　2．没破费什么,只是给孩子的一点儿小礼物

　　　　3．你也多多保重

　　　　4．代我向他们问好

（五）　1．（1）A　（2）B　（3）B　（4）B　（5）C

　　　　　（6）C　（7）B　（8）C　（9）B　（10）C

第　七　课

（二）　1．比　2．比较　3．比　4．比较

（三）　1．哪能跟他比

　　　　2．跟我一样,也喜欢听音乐

　　　　3．比我晚来九天

　　　　4．说得比以前流利多了

（五）　1.（1）B　（2）B　（3）B　（4）C　（5）C
　　　　（6）C　（7）A　（8）B　（9）B　（10）C

第　八　课

（二）　1.想　2.希望　3.能,能,　4.愿望
（三）　1.哪儿都不想去
　　　　2.什么时候都可以来
　　　　3.做一些中法文化交流方面的工作
　　　　4.把基础打得扎实一些
（五）　1.（1）B　（2）C　（3）A　（4）B　（5）B
　　　　（6）C　（7）C　（8）A　（9）C　（10）B

第　九　课

（二）　1.不专心　2.误了时间　3.大意
　　　　4.忘了带伞
（三）　1.让你们久等了
　　　　2.是路上车堵得厉害
　　　　3.弄脏了
（五）　1.（1）B　（2）A　（3）A　（4）A　（5）C
　　　　（6）A　（7）B　（8）B　（9）A　（10）C

第　十　课

（二）　1.稍微　2.主要　3.不够　4.比较
（三）　1.各人有各人的要求
　　　　2.让我失望
　　　　3.给我们提了不少意见
　　　　4.对我基本满意
（五）　1.（1）B　（2）A　（3）C　（4）A　（5）A
　　　　（6）B　（7）A　（8）C　（9）A　（10）B

2．(1) 意见　退货

　　　(2) 上门

　　　(3) 质量

第 十 一 课

(二)　1．来　2．弄　3．搞

(三)　1．包在我身上

　　　2．还会迷路吗

　　　3．什么时候有空,就什么时候来

　　　4．不然我会担心的

(五)　1．(1) A　(2) C　(3) C　(4) A　(5) B

　　　　　(6) A　(7) B　(8) B　(9) A　(10) B

　　　2．(1) ✕　(2) ✕　(3) ✓　(4) ✓

第 十 二 课

(二)　1．惊喜　2．惊醒　3．惊奇　4．惊呆

(三)　1．吃了一惊

　　　2．才真正感受到了

　　　3．一定会惊喜的

　　　4．连大厅外面也站满了人

(五)　1．(1) B　(2) A　(3) C　(4) B　(5) B

　　　　　(6) A　(7) A　(8) A　(9) B　(10) A

第 十 三 课

(二)　1．死　2．惯　3．出　4．上

(三)　1．锻炼锻炼身体　做做家务　看看电视

　　　2．值得你特意去拿

　　　3．既然没时间

　　　4．就是短了一点儿

（五）　1.（1）A　（2）A　（3）C　（4）C　（5）C
　　　　（6）C　（7）A　（8）A　（9）C　（10）A
　　　2.（1）C　（2）A　（3）A　（4）A

第 十 四 课

（二）　1.都　就　2.各　再
（三）　1.等雨停了
　　　　2.推迟到后天
　　　　3.和你想的一样
　　　　4.本来计划在这儿读博士,可是现在改变计划了。
（五）　1.（1）C　（2）B　（3）C　（4）C　（5）A
　　　　（6）C　（7）A　（8）B　（9）A　（10）C

第 十 五 课

（二）　1.是　2.就　3.再　4.倒
（三）　1.一句也听不懂
　　　　2.没有不会唱歌跳舞的
　　　　3.远着呢
　　　　4.要不我来试试
（五）　1.（1）A　（2）B　（3）B　（4）B　（5）B
　　　　（6）A　（7）C　（8）C　（9）B　（10）A

第 十 六 课

（二）　1.○　2.把　3.由　4.把　被
（三）　1.禁止携带文物出国
　　　　2.不准做的
　　　　3.还没办理借书证
　　　　4.不要大声说话
（五）　1.（1）B　（2）A　（3）B　（4）A　（5）A

(6) C　(7) B　(8) C　(9) B　(10) B

2.(1) ✕　(2) ✕　(3) ✕　(4) ✓

第 十 七 课

(二)　1.起……来　2.起来　3.出来

　　　4.下去　5.出来

(三)　1.简直让人没法睡觉

　　　2.咸了一点儿

　　　3.又是说　又是笑

　　　4.太粗心了

(五)　1.(1) A　(2) B　(3) A　(4) C　(5) B

　　　　(6) A　(7) C　(8) C　(9) C　(10) A

　　　2.(1) ✕　(2) ✓　(3) ✕　(4) ✕　(5) ✕

第 十 八 课

(二)　1.个　2.了　3.过　了

　　　4.着　5.得

(三)　1.别提有多快活了

　　　2.狗这样的动物

　　　3.越来越努力,越来越好

　　　4.越学　越浓

(五)　1.(1) A　(2) A　(3) A　(4) C　(5) B

　　　　(6) B　(7) B　(8) A　(9) B　(10) C